JN143955

# 人生の大則

【新装版】

安岡正篤

人間学講話

プレジデント社

安岡正篤——人間学講話

# 人生の大則

宇宙も人間も社会もみな大いなる調和、つまり大和(だいわ)から成り立ってい る。人間がこの恒常性、大和性を失えば身体的には疾病であり、死で あり、社会的には争乱となる。

東洋思想に於ては、あらゆる実在は発現、分化、発展を本領とする陽(よう) の原理と、統一調和、全体性、永遠性を本領とする陰(いん)の原理との「陰 陽相待(対)的原理」によって成立し活動していると考える。

ところが現代は分化を本領とする(陽の原理)西欧的思考、即ち主知 主義に偏しており、それと相待つべき大和的思考(陰の原理)はほと んど顧みられない。その結果、人間がいたずらに外面に走り、利己主 義的・物質的になり、社会も文化も雑駁なものになってゆく。これを 救うには東洋的陰原理により主知主義を止揚(アウフヘーベン)するしか道はない。

# 大和のこころ

純真多感な少年時代を大和河内の間に過ごし、日本を大和（やまと）の国と教えられ、

しきしまのやまと心をひと問はば
朝日に匂ふ山桜花

という、本居宣長（もとおりのりなが）の歌を心に刻んで育った私は、大和という言葉が好きであった。その後いろいろと学ぶにつけ、また世間を知るようになって、ますます会心の言葉となってくるのであった。

宇宙も人間も、皆、大和から成りたっている。悪意邪念をもって相争うことはすべて破滅である。

和——大和なくして、何が存在し得ようか。

生物学者、生理学者、医学者たちが、生体のホメオステーシス(Homeostasis)というものを説いている。我々の身体は、飢えや苦しみや恐れや怒りや、さまざまの刺戟に応じて変化する。しかし、そのために容易に混乱し破滅することなく、そういう内外の刺戟に応じて自分自身を調整し安

定させる自己調節機構を具備し、常に大和を保っている。この恒常性、大和性をホメオステーシスという。これを失えば疾病であり、死である。

ここに一個の美しいオレンジがある。これを化学者が分析すれば、カリウム、カルシウム、マグネシウム、ナトリウム、アルミニウム、燐、硫黄、鉄、炭素、塩素、いろいろの糖分と酸、数種のビタミン、酵素など少なくとも百種以上の成分の大和である。この美しい色素は、主としてカロチノイドであるが、それが十七種類も大和したものであり、その芳香も十一種のフラボノイドと二十八種類もの他の成分との大和からできているという。

純度の高い鉄の中にも、百分の一から千分の一パーセント程度の、炭素、硫黄、燐、マンガン、硅素、酸素、窒素などが含まれている。時代の先端に立つゲルマニウムの中にも百万分の一パーセント程度のアンチモニー原子が問題であるといわれている。単なる無機物、有機物でも〝単なる〟などとは決して言えないのである。

個人主義――もちろん悪い意味の、たとえば利己主義などが、天理自然に許されないものであることは、こんなことからも十分明瞭である。日本国民の中に、ほんの何人かの悪い人間がいるだけでも、それは大変な作用をするものなのである。

我々が、何の気なしにする行為が、どんな影響をどこにどう与えるか計り知れぬものがあるのである。物体から宇宙の大に至るまですべてホメオステーシスによって存在しているのである。

孝謙天皇の天平勝宝年間（七四九～七五七）に、わが国名は〝大和〟と定められた。その前に和銅六年（七一三）の五月、元明天皇の御宇に畿内七道から始めて諸国郡郷それぞれ、いい意味の名をつけるように布告されている。

聖武天皇の天平九年（七三七）には〝大養徳国〟と定められたこともある。天平宝字二年（七五八）の勅には大和国と用いられている。いかに深く意を用いられたかがわかる。

そして、今日から考えても実によい名であると思う。その大和の国が、今日何という大和の国になっていることか。聖徳太子が「和を以て貴しと為す」と十七条憲法のはじめに宣せられたのは、実は血のでるようなお言葉なのだと思う。

著者 識

# 目次

序　大和のこころ……3

## 人間の不和がもたらすもの

第一章　人間　その愚かなるもの……15

人体の不和と病気
家庭の不和と子女の悪化
人間不和の最大なるもの――戦争
人間不和の最大なるもの――革命
革命の本義
不和的人物――マルクスとその人

## 自然の中の大和

第二章　自然と大和……61

天に棄物なし
土とミミズ
葛の効用

第三章　人体と大和……71
糞便も般若行
食べたものはどうなる
呼吸
ナポレオン診断

# 大和的人間の在り方

第四章　人格と大和……79
現代人の非連続性
「人物」の人間内容
第五章　大和的生活法……86
飲食は適正か
毎晩、安眠・熟睡できるか
心身に影響する悪習慣はないか
適当な運動をしているか
一喜一憂しやすくないか
精神的動揺と仕事での平常心

仕事への集中力
今の仕事に対する適正
ライフワークの構想
退屈な仕事と退屈な生活
目標とヴィジョン
人に対して誠実であるか
人間をつくるための学問修養
知識技術の修得
信仰・信念・哲学を持っているか

# 経世と大和

第六章 国家・社会と大和……103
さまざまな国家論
階級国家論

第七章 政治・経済と大和……111
政治の本義
経済の本義

第八章　宗教・教育と大和……122
宗教の要諦
教育の本義

# 東西文化と陰陽相対性原理

第九章　東西文化と大和……135
相対性理法
東西文化の対照
現代文化を救うもの

# 大和のための原則

第十章　聖徳太子と十七条憲法……177
第十一章　佐藤一斎と重職心得箇条……194
第十二章　康有為と大同思想……203

# 大和と日本民族文化

第十三章　日本の国号「大和」……215
国号としての大和
倭・邪馬台
やまと
ニッポンとニホン
第十四章　日本人と神道……223
諸教帰一
多逢勝因
人間の一生
自然は必然
現実に徹して自然に還る
日本の神道
人が神を守る
人は神物
神垂と冥加
静謐・清明・正直
黒住宗忠

第十五章　仏教と神道……245
道楽と極道
仏教の思想
地蔵菩薩
四諦十二因縁
末法濁世観
神道の根本理念
産霊
自然と人間は神の具象
日本的特質の発揮
第十六章　自然と人間と神——西洋と東洋と日本……261
神道の真義
「命」は尊し
山は神の象徴
大和礼讃……山口勝朗　267

# 人間の不和がもたらすもの

# 第一章　人間　その愚かなるもの

推古天皇の十二年（六〇四）、聖徳太子は十七条の憲法を定めて、その第一条の冒頭に、「和を以て貴しと為す」と宣言せられた。考えようによれば、今日の学問があらゆる分野にわたって、このことを事新しく究明しているということができる。

現代人が自分の身体についてもっとも気にかけているものの一つはホルモンであるといってよかろう。しかもそのホルモンの本義を知らぬ者の多いこともまた驚くべき事実である。人間の身体各部各種の無数の細胞の中には、個人と同様に、萎縮するものや、増長するものがある。その増長するものを抑え、萎縮するものを保護して、全体の統一調和を司るものが内分泌腺であり、その分泌物が即ちホルモンなのである。それは非常に強いエネルギーをもって活動する。これが衰えれば、人間は生活力が弱まり、各種の疾病を生ずる。つまり細胞も和を以て貴しとなすのであり、人体そのものが大和的存在なのである。

## 人体の不和と病気

人体はまた精神との大和(だいわ)において人間となっている。最近、精神身体医学 Psychosomatic medicine が発達して、血管の収縮や、酸素消費、尿の生成なども、外界の音響や、言葉や、状況などによって著しく左右されることが判明した。精神と肉体との間には、非物質的な相互作用が行なわれており、その肉体に対する情緒の反応を物質化して証明することもできる。汗と呼吸がそれをよく表し、アメリカの心理学者エルマー・ゲイツは発汗の化学的分析から情緒の表を作ることに成功した。

各精神状態はそれぞれ腺や内臓の活動に化学的変化を生じ、これによって造り出された異物を呼吸や発汗によって体外に排出する。液体空気（圧力をゆるめて蒸発させると零下二一七度まで下がる）で冷却したガラス管の中に息を吹きこむと、平常の心理状態のときは、息の中の揮発性物質が液化して無色に近いが、その人が怒っていると、数分後に管の中に栗色の滓(かす)が残る。苦痛や悲哀のときは灰色、後悔のときは淡紅色となる。この栗色の物質を鼠に注射するとたちまち興奮し、その人の憎悪や憤怒の激しいときは、その息の滓は数分で鼠を殺してしまう。一時間の怒りの息の滓は八十人を殺すに足る毒素を出し、この毒素は従来の科学の知る最強の猛毒だそうである。故に悪感情を抱くことは、結局その人の体内に毒気が鬱積して、その人を自殺に導くものである。

人間の長い長い歴史的経験から生まれた言葉の中には、新しい科学的研究が感を深くするような真理の含まっているものが多い。「毒気を吐く」とか、「彼奴（あいつ）の毒気に当てられた」というようなことは、そのまま真実なのである。

和気というものも科学的真実である。人を憎み怒って、明けても暮れても闘争闘争に血道をあげるような場合は、正に毒気が充満しよう。これに反して、人々相愛し、相和して睦（むつ）むようなところには和気が溢れる。世界最古の医書といわれる『素問』の開巻第一頁「上古天真論」に、人間のあらゆる疾患の最大原因は一字の「恚（い）」（いかり）にあるといっているが、誤りのない事実である。

昔から四百四病というが、今日人間のよく罹（かか）る病気は一千種に上っている。その九百九十九種の疾病を一緒にしたと同じほどありふれた、つまり疾病という疾病の五〇パーセントは感情から起こったもので、ただの医者や薬では治らないということは、もはや現代人の常識といってよいであろう。しかし専門家はもっと恐ろしいことをつきとめている。それは幼児期における親の愚かさや不和の影響が、その子の後年における発病の深因である場合が実に多いことである。

幼児は麻疹（はしか）よりもっと恐れや怒り、憎しみや冷淡に感染しやすい。自分が好かれているか、嫌われているかということに、子供は食物と同様に反応する。一家の感情の中で自分の占めている立場をよく覚る。親の精神状態はただちに子供に反応するのである。特に親の怒りは子供に大きな衝撃を与える。それが子供自身に向けられたものでなくても同様である。怒りばかりではない。感情の異常な表現は、これに接した子供に強い刻印を残す。これがその子に後来思いがけない、あるいは原因不明のいろいろな疾病を発生させ、医者が、診断はついても治療しにくい悪疾重症にもなるのである。

アレルギーAllergyという言葉は流行語の一つである。これに外因性（外からの刺戟によるもの）と内因性との二種があるというが、要するに内因性、内分泌系・新陳代謝機能の失調・情緒障害等である。喘息患者は普通人より強く母親に依存した者が多い。それからくるさまざまな感情の動揺や不満・嫉妬・恐怖などが深因になっている。ヒポクラテスはつとに何か強い情緒の作用で喘息の発作がくることを知っていたということである。しかしアレルギーが究明されるようになったのは近年のことである。膵臓の機能障害も感情的因子が大いにあずかって力があることをもはや疑う者はない。糖尿病は精神的影響を強く受ける。その多くの患者は幼児期に家庭にあって甘やかされ、わがままで複雑な感情を持って育った、特に母親にまつわりついた子であることが判明している。

## 家庭の不和と子女の悪化

世界的問題である少年の非行犯罪も、五、六歳頃、即ち学校に上がる前に十分その徴候が察知されるものであり、したがって家庭教育・環境指導よろしきを得れば、ほとんどこれを救い得るものであることは、たとえば斯道（しどう）の大家ハーバード大学のグリュック教授や、シカゴ大学のバージェス教授をはじめ、犯罪予測学者の十分解明していることである。これにも家庭の不満・両親の不和が大きな原因をなしている。

数年前（注・一九五五年頃）、ギャラップが結婚生活の実態調査を発表したことがあるが、それによると、妻の方で夫に対するもっとも多い不満は、①親切心が足りない。②威張る。③怠ける。④酒がすぎる。⑤家を空けすぎる等であるが、夫の方も妻に対して、①口やかましい（怒りっぽい）。②むだづかいがすぎる。③外出したがる。④おしゃべり。⑤家事に身が入らぬとして、多く結婚の幻滅を訴えている。

夫婦の不和ばかりではない。家庭内における日常の会話からして、知らず知らずの間に子女に及ぼす影響は容易ならぬものがある。

ペンシルベニア大学のＪ・ボサード教授は家庭生活研究の著名人であるが、家庭によって、常に行なわれる談話にそれぞれ型があることを明らかにして、喧嘩型や、自己宣伝型などいろいろあるが、もっとも多いのは批評型であるとして、友人・知己・親戚の噂話から、社会問題まで、何によらず、けちをつけて喜ぶ型を指摘しているが、よくある事実である。これは非常に子女の徳性を傷つけて、社会不和の根底を植えつけるようなものである。社会福祉といって、託児所や養老院、保護指導施設や、学校・教会等、ものものしい施設ばかり考えて、人類発生以来すたれたことのない、もっとも生命のある生活共同体の家庭というものを粗末にすることは、人間のもっとも愚かなことの一つである。

## 人間不和の最大なるもの――戦争

人間の不和より生ずるあらゆる悲劇のうち、その最大なるものは戦争である。人間はその始めより、生きることは戦うことであった。そして戦いながら生きてきた。まず荒々しい気候風土、猛獣毒蛇をはじめさまざまな外敵、やがて人間同士の衝突、同じ人間である外族の侵略、そのうちに同族間の衝突・分裂・闘争、国家の発達、国家間の戦争と果てしなく発展していった。戦争は進歩を生む。戦争は文明の母であるといわれるほどである。しかしそのいわゆる「進歩」するほど、「文明」になるほど、戦争はやむを得ぬ悪 mala necessita から、次第に度しがたい惨虐・愚行になっていった。人類歴史の記録と、文学や芸術が、どこの国、どこの民族でも、いかに多く戦争物語で満たされていることであろう。

その片鱗であるが、人類と戦争というものを一身に象徴する者の一人であるチムールの名は、西アジアや東欧に深刻な恐怖を残している。彼は一三八一年にイスファラーインを灰燼に帰し、一三八三年にはサブザワールで二千の捕虜を生き埋めにして、その上に煉瓦を敷きつめ、同年ジリで五千の首を積み上げて塔を建て、一三八六年ルーリー人の多くの捕虜を生きたまま断崖から投げ落とし、一三八七年にはイスファハンで七万人を殺戮して、その死者の骨で塔を建て、一三九三年テクリートでも、砦の守備兵を鏖殺（おうさつ）して、その骨で塔を造り、一三九八年にはデリーで十万の捕虜を殺戮し、一四〇〇年にはシヴァスの砦を占領して、四千のキリスト教徒兵士を生き埋めにし、その年と翌年との間に、シリアで頭骨の塔を建てること二十基、バクダッドでもイスファハンで行なったと同様の大殺戮や頭骨塔の建立を演じた。

イギリスの詩人マーローの詩に、

　ジュピターの神は武装した我を見て顔色を失い
　我がためにその位を逐（お）われるを恐る
　我が幾多の戦場より送った亡霊で

地獄や極楽は充満し
我が名声を地獄や天国に普(あま)ねからしむ
（トインビー A. J. Toynbee: War and civilization.1951〈邦訳『戦争と文明』〉第五章より）

とあるような戦争の勇者は史上その後を絶たない。

文明はこれをどれほど救って人間を向上させることができたであろうか。二十世紀は過去の世代が夢想もできなかった驚異的進歩の時代、偉大な変化の時代といわれる。しかるに世界大戦が勃発した。偉大なフランスの生理学者・哲学者のシャルル・リシェに語らせよう。

大戦で殺された者は一千五百万以上である。死者一人について、これを嘆く者が五人いるとしよう――父・母・妻・子・友。それだけでもうその後の何年という間続く七千五百万の恐るべき悲しみとなる。夫を失った若い妻、子息を亡くした母親が、一年や二年、十年たっても慰められると我々は考えることができようか。彼女らの生活は真っ暗にされてしまった。彼女らが熱愛した兵士を斃した死は、彼女らをいっそう残酷に扱ったのである。その後の生活は色彩なく、悲惨であろう。一千五百万の死そのものはたいした災難ではない。なぜかといえば、死んだ者は結局もう苦しむこともなく、長の年月を望みのない涙で過ごすこともないからである。一千五百万の出生が、一千五百万の死を補う。しかし数知れぬ犠牲者たち、数知れぬ殉教者たち、彼らにとって一切の喜びは永久に消えてしまったのだ。これこそ人間の愚かさの極致である。武器製造業者、銀行家、不当利得者の収穫がいかに大きかろうとも、戦勝した軍国主義者の愛国的自負がいかに大きかろうとも、勇士に与えられた鉄十字やレジョン・ド・ヌールの勲章がいかに虚栄心に媚びようとも、もし我々がこれらの利潤や勲章と何千万の痛ましい悲しみと秤にかけてみたとすれば、いずれが重くかかるであろうか。

我々がもし戦争による一切の苦悩を集めたいと思うなら、はるかに大きな規模を必要とするであろう。それをすべて物語るならば肝を消すほどである。まず始めに二千万の負傷者がある。かつては壮健であった二千万の壮丁が、長い年月を病院で過ごし、熱で身を慄(ふる)わせ、色青ざめ、やつれて力なく次から次へと手術を受けている。多分少数の者は傷痕、神経の障害、それから実際には不治の断続的な痛苦くらいですむだろう。一千万人は永久的な身体障害者にはならぬかもしれぬ。しかし残りの一千万人の身体障害者を考えてみよ！　彼らは死ぬという幸運を持たなかったのだ。彼らはみじめな生存を続けねばならぬだろう。

大ざっぱにみて、盲目が一万五千、片方の目を失った者が十万、片方の手をなくした者が五十万、跛者が五十万。その他、耳が聞こえなくなった者、恐ろしい醜面、癲癇、それから両手を失った者、私が知っているだけでも、両手両足がなく、ほとんど盲目なのがいる。これはたいへんな光景ではないか。公共の慈善によって支えられねばならぬこれら一千万の身体障害者は三十世紀間の文明の成果を示すものである。これが三十世紀にわたる文明の成果なのである。

それだけか、どうして。まだ廃墟がある。家々は蓄積された記念品や宝物などとともに破壊されてしまった。六百万のベルギー人、六百万のセルビア人、六百万のポーランド人、六百万のフランス人らが、彼らの家から追いたてられ、野獣のように狩りたてられた。彼らはその妻や娘たちを残虐な兵士どものなすがままにまかせたまま、戦火と銃剣とから逃れたのである。征服者によって汚され荒らされた空虚な炉辺の外には何物を見出す希望もなく。

それだけか、決して。三年の間、飢餓の亡霊がドイツ、オーストリア、ハンガリー、フランス、イタリア、イギリス、その他侵略された国々を歩き回った。石炭がない！　着物がない！　靴がない！　砂糖がない！　バターがない！　パンがない！　二億の人間がなしくずしに餓死しなかったとしても、飢餓の恐怖と苦痛を満喫したのである。

その上にまだ六百万の捕虜がいた。いつかはこれらの不幸な連中の物語が語られて、全人類を恥じさせるであろう。彼らがどんなひどい食物をとらされたか、どんなひどい部屋に寝なければならなかったか。どんなに泥土・汚物・害虫の中に押しこめられたか。殺戮者となりはてた軍人の手によってどんな危害が加えられたか。すべて判明するであろう。彼らを閉じこめた鉄条網からは、どんな微かな光線もさしこまなかった。そして今やヨーロッパ諸民族の間には、憎悪・悪罵・暴行・誹謗が支配している。魂を黒くするような憤怒・復讐・狂気の叫びを以て。戦争は人間特有の卑劣で凶悪な本能をかき立てる。

　人間はそのすべての勢力、すべての知能、すべての情熱をこの有害な仕事に傾けたのである。しかも大成功であった。結果はすばらしいものであった。五千〜六千年の間、人間は連続的な、しかし比較的流血の少ない戦争に自分の力を試みてきた。それらの戦争はつまらぬ、子供らしい努力、一九一四年から一八年にかけて行なわれた大事業に対する単なる序曲にすぎなかった。

　戦争のために費やされた精力・気力・英雄主義が大きければ大きいほど、我々の狂いぶりをいっそう明らかに暴露した。これらの徳は破壊のために捧げられたのであるから。この莫大な努力の十分の一でも、我々の病気・悪徳・無知に対する戦いに向けられたならば、人間の運命は相当浄（きよ）いものになっただろう。

　戦費の総額は約一兆フランであった。この金額の十分の一、即ち一千億フランが、アルコール中毒や梅毒や結核の撲滅に使用されたと仮定しよう。さすればこれらの害悪は消滅したことだろう。これは否定することができない。憐れむべき人類は互いに憎みあうことなしに殺しあうほど堕落している（C. R. Richet『人間――愚かなるもの』のうち「戦争」より）。

この大戦争は今さらのように世界の諸国民に深刻な教訓を与えた。これによって人間はどれだけ賢明になり、進歩することができたか。その答えは、なんとたった二十年の後、一九三九年から四五年にかけての第二次世界大戦の勃発である。この戦いにおいていかなる愚挙や蛮行が演じられたかは、もはやここに記す必要もない。ただこれを前記の第一次大戦の際に比して、少しでも改善進歩の跡があるであろうか。驚くべきことに何一つない。むしろ悪虐無道を前大戦の時より比較にならぬほど大規模にしただけである。

そして戦後は？　これまた前大戦後ヨーロッパ諸民族を支配した憎悪・悪罵・暴行・魂を黒くするような憤怒・復讐・狂気が世界化し、「兵は詐を以て立つ」「兵は詭道なり」と説いた孫子も悶死するような詐術・詭道が科学・技術によって恐ろしい力を発揮し、人民や解放の美名の下に、陰険・惨虐な革命が強行され、ジュピターも恐怖するような化学兵器が発明されて、今世界を「恐怖の均衡」に追いこんだ。その均衡がいつ破れるとも知れぬ恐怖であるのが現状である。フルシチョフ、毛沢東からカストロらに至る支配者の、あの猛烈な憤怒・憎悪・悪罵・毒舌から、人類のいかなる平和・幸福・進歩・文明が生まれるのであろうか。

　プロシアの有名なH・V・モルトケは言った。「永久平和は夢だ。そして戦争は、神が世界秩序を構成する際の一要素である。戦争で人間のもっとも高貴な徳が発揮される。勇気・克己・義務感、生命そのものを喜んで捧げる犠牲心などがそれである。戦争がなければ世界は唯物主義に沈没しただろう」と。イタリアのムッソリーニも、「戦争はすべての人間のエネルギーをもっとも高い緊張に導き、それに当たる徳を持った人が高貴なのである」と教えた。今日はこれらの一面観も素直に成り立たなくなった。

　冷厳なシュペングラーは断言した。

「世界平和は、大多数の者が抱く私的な戦争放棄ということを含むと同時に、戦争を放棄しない他国の餌食になる用意もその中にひそかに含まれている」と。また曰く、「平和主義とは生来の非平和主義者に支配を委ねることである」と。誰もこれに反対する確証を持たない。なお彼は説いている。

「現実の歴史には、いかなる和解も存在しない。和解を信ずる者は狂乱する事件の前に永遠の恐怖を感じなければならぬ。条約によってこの狂乱する事件をそれぞれに祓い鎮めることができるものと彼が考えるならば、それはただ自己欺瞞への逃避にすぎぬ。――生は無情である。憐みとは末期の人間のみが知り、己が世界観の中に好んでもちこむ感情である。でなければ彼は現世に耐え得られないからである」と（シュペングラーOswald Spengler トインビーの先駆をなしたドイツの思想家・歴史哲学者。その遺稿選集Oswald Spengler Gedanken. 1941 邦訳第四章、六章より）。

聖者の言ではない。深く首肯することはできないが、現代の病める世界にあっては、不幸にして冷厳な事実である。

いかにすれば人間をこの堕落と災禍とより救うことができるであろうか。このいわゆる現実水準 reality level において、たとえば多くの社会学者たちも議論百出であるが、抽象的・基礎的理論だけではなんの力にもならない。進んで社会治療家となり、政治戦略家となって、具体的・現実的方策が立てられねばならぬ。マンハイムの「自由・権力及び民主主義的計画」（K. Mannheim: Freedom, Power, and Democratic Planning. 1951.）や、ソローキンの「ヒューマニティの再建」などはその好例であるが、いかに立派な議論や提案であっても、これを要するに、真理を実践する人物、エリートをいかに養成し組織するかに期待するほかはない。そういう人材はとうてい単なる世俗的な知識才幹や、形式倫理 formal ethics に止まるだけの小器ではいけない。もっと大器でなければならない。

そこにまた新しく宗教に復れという要請が起こっている。シュヴァイツァーや、ベルジャエフや、トインビーや、リップマンたち（A. Schweizer, N. Berdyaev, W. Lippman 現代の思想家）の深沈な警世の論がようやく知識人層を動かしてきたようである。それは近代文明のあまりに組織化し、機械化し、分派し、末梢化したものを救うためには、どうしても生命の本原に復って、世界と人間との微妙な統一調和――大和の理法を体得し、全体に即して個を生かす仁愛と達識に依らねばならぬからである。

## 人間不和の最大なるもの――革命

現代はまた戦争とともに、革命の恐怖時代である。「過去十年の間、人々は革命についてすべて誤算し、そのあらゆる希望に幻滅を感じた。人々は革命によって規律だった不動の政府を持ち、堅実な財政を持ち、賢明な法規による、そして外国に向かって平和を開き、内に平穏な社会をつくりあげる政治を持とうと期待した。ところが事実はその反対で、無秩序と戦争と、共産主義と恐怖と、破算と飢餓と、二、三回にわたる支払停止といった結果をもたらしただけであった」とは、フランス革命の新研究家ガクソットP. Gaxottがその名著『フランス革命』の結論に断定していることである。

「しかしもし各社会団体や階級の指導者と支配的階層とが非利己的創造行為をなし得ないならば、革命と戦争とは避けがたいものであって、利己主義の必要な最小限から、野放しの利己主義の方向に逸れかたが烈しくなればなるほど、革命と戦争とはいっそう不可避となり、破壊的となる。永年のうちには、搾取階級は彼らの利己主義と近視とによって、彼らの得るよりも多くを失う。なんとなれば戦争革命とその他の闘争は彼らの富と利権とのみならず、彼らの生命をすら奪うからである。祟りはただちには生じないかも知れないが、適時に襲うことを間違えることはほとんどないことも事実である」(P・ソローキン『ヒューマニティの再建』終章)。

文明と社会生活の悪化のために、精神分析学者の指摘するとおりだんだん非理性的になる者の多い現代は革命狂ともいうべき者が激増している。それらの人々の大多数はロシア革命を非常に高く評価する。今日もなお、日本人でありながらソ連を祖国のように考え、ソ連的革命が日本でも成功する日を仰望しておる者も決して少なくない。かつては有名なマルキシズム哲学者であった前記のニコライ・ベルジャエフがその『ドストエフスキーの世界観』の中に次のように説いていることは、注意してよい正論である。

「ドストエフスキーは無恥と感傷的な点がロシア革命の社会主義の基礎となっていることを指摘した。わが国に社会主義が広まったのは主として感傷的なためであると。その感傷的とは誤った敏感性、誤った同情である。それは残虐に終わることも珍しくない。革命道徳は、個性があらゆる道徳の価値や判断の基礎であることを知らない。それはあらゆる人間の個性を単純な手段、単純な物質のように扱うことをゆるし、どんな種類の手段でも、革命事業の勝利のためにはその適用を許すのである。それ故に革命道徳は道徳の否定である」と。

ソ連といえば、虚無主義、反国家主義、反民族主義の世界的思想人、徹底的自由主義者、自由と解放とのための徹底的戦闘者の祖国！　というふうに考えておる者が実に多い。しかしソ連人は今日も依然として昔に変わらぬロシア人で、空想に映ずるロシア人ではない。「ロシア魂に注意せよ」と、真剣なロシア研究家はみな確言している。

今から約五百年前、一四五三年、トルコ民族がコンスタンチノープルを占領して東ローマ帝国を亡ぼした時、モスクワの大公イワン三世は自らギリシャ正教唯一の正系外護者コンスタンチンの後継者であり、モスクワを第三のローマであると宣言し、爾来人類を正道に導く光と力とはモスクワよりとする宗教的民族信念がだんだん根を下ろした。日本民族が天孫民族と誇るのも、漢民族が中華を以て任ずるのも、決して珍しいことではない。

ロシア人もみな祖国――歴史――言語を愛する。たとえばよく引用されるロシアの歴史的大家の有名な言葉のいくつかを列挙しよう。

「大国ロシアが地球の広大な部分に向かって号令する言葉は、いかなるヨーロッパ語にも引けをとらない立派な言葉だ」（ロマノソフ Lomanosov M. V.　十八世紀ロシアの代表的科学者・詩人）

「おお偉大な、力強い、真実性に富んだ、自由闊達なロシア語よ！　このような言葉が偉大な民族に与えられたものではないとは考えることができない」（ツルゲーネフ I. S. Turgenev 十九世紀ロシア文豪）

「私はどんなことがあろうと祖国を取り換えようとしたり、我々の祖先が築いた歴史以外を持とうとしたりすることなどは断じて望まない」（プーシキン A. S. Pushkin　十九世紀ロシア大詩人）

「祖国に対する愛は同時に人類に対する愛でなければならない。祖国を愛すること——それは自分の祖国において人類の理想が実現することを希望し、自分の力のあらん限りを尽くしてそれに貢献することだ」（ベリンスキー V. G. Belinskii　十九世紀ロシア文芸批評家）

「祖国の光栄と幸福のために寄与すること、それ以上高く好ましい何ごとがあろうか」（チェルヌイシェフスキー N. G. Chernyshevskii　十九世紀ロシアの評論家・革命家）

「われわれ大ロシアの自覚あるプロレタリアにとって、民族的誇りの感情は縁のないものだろうか。もちろんそうでない。われわれはわれわれの言葉と祖国とを愛する」（レーニン V. I. Lenin）

スターリン Stalin の祖国主義・英雄主義・独裁主義は言うまでもない。彼は日本が敗れて屈伏した時、「日露戦争におけるロシア軍の敗北は、わが国民の心理に重大な烙印を押した。それはわが国歴史の汚点であり、わが国民は日本が敗北して、この汚点が払拭される日を確信し、待望してきた」と演説した。マレンコフも日露戦争五十周年記念大会を催し、当時従軍した生存者を民族の英雄として表彰した。日本の左翼的な人々はロシアのこの太いバックボーンをまったく見損なっている。

ロシアの歴史は不幸にして覇者の徹底的恐怖政治であった。一二四〇年抜都（バツ）に征服せられてから二百年、蒙古の独裁弾圧政治に慣らされた。近世ロシア建設の雄図を代表する者はイワン四世（一五四七〜一五八四）であるが、イワン雷帝、イワン・ザ・テリブル Ivan, the Terrible などと呼ばれている。彼の政治はまったくオプリチナ Oprichina という秘密警察力の下に行なわれた。この政治はピョートル大帝の時も、カタリナ女帝の時も変わらず、さらにツァー（王）が亡んで、レーニンのソ連になっても、チェカ cheka となり、ゲー・ペー・ウー、G・P・Uとなり、N・K・V・Dとなり、M・V・Dとなり、終始変わらず、政治も非道なれば、革命も非道であった。ソ連革命後の歴史に、いかに言語を絶した非人道的粛清が続いたかは世界周知のことである。

中国政治の永遠不朽の原則は人間天賦の「生」に対する畏敬と、したがって万物の霊長たる人間の尊重と、その徹底的な仁愛の精神にある。たとえわずかに一不義を行ない、一不辜（ふこ）（一人の罪無き者）を殺すだけで、それで天下を得るとしても、そんなことは一切しない（『孟子』公孫丑上）こと、「天下を以て一民の命に易(か)えず」（文中子・中説）ということが倫理的政治的哲理である。「殺を嗜(たしな)む」ことは罪悪中の罪悪になっている。ソ連をはじめ世界どこの共産党政府もこの点になると共通だが、人間というものを物の数ともせず、殺を好むこと実にはなはだしいことは今さらいうまでもない。

一九五〇年の夏、朝鮮戦争に中共の試みた人海戦術というものは世界の文明国民を戦慄させた。これはまだ戦場でのことであるが、国内の平和な民衆を「粛清」と称して、反革命懲治条例という悪法の下に、幾百万と数えきれぬほど、逮捕・投獄・死刑あらゆる惨虐をほしいままにした。共産党に反対する者、その政策に反対する者、共産党から好ましからぬと目された者、かつて共産党に対して反抗したことのある者、かつて国民党に協力した者、日本軍に協力した者、これらを残る方なく捜索して裁判にかけ、死刑を集団的に行ない、北京・天津・上海・南京のような大都市では、毎日のように百人二百人という多数の人間をならべておいて銃殺し、この死刑を執行する時、全市民に命令して見物させ、ラジオで全市に、ある時は全国に中継放送させた。

有名な三反五反運動もはなはだしく非人間的なものである。三反とはいうまでもなく、反貪汚、反浪費、反官僚主義のことで、中国の長い官僚政治の骨の髄まで浸みこんでいる弊害を根本的に除去しようという名分の下に行なわれ、五反とはこれに対応する民間の賄賂、脱税、官物の盗用、公共事業請負のごまかし、国家経済企画の機密盗聴などの五罪を摘発処罰する運動である。

政権を握った中共経済は徒手空拳に等しい貧乏世帯であった。ソ連からの援助があっても、問題にならない。そこへ朝鮮の動乱で百六十万に上る人的損害を出し、なお膨大な資材を消費した中共にとって、国内における経済混乱、非能率は利敵行為に等しい。中共政府は初めの間、「公私兼顧・労資両利」と唱えて、資産階級の合法的地位を認めるように宣伝したが、資産階級の持つイデオロギーと相反することはいうまでもない。

また中共は地主および富農の中層以上を目標とした土地解放を進め、没収耕地をすべて国家の財産とするとともに、商工業に対しては重税の取り立て、厳重な労働法規の施行、商品流通の統制、為替の統制、寄付の割り当て強制などを行ない、業者を自動的に営業を放棄せざるを得ない窮地に追いこみ、さらに不急不要な商工業者は政府の指定する業種に転業させ、監督官・技術者を派遣して工場管理を行なうなど、漸次国営化を進めた。これに対する反撥が商工業から出るのは当然で、これが朝鮮戦争という緊急事態のために圧力の薄くなった大陸内で爆発するのもまた当然である。そこで五反運動という巧妙な弾圧となり、苛酷なパージが始まった。

一方支配権を握った中共政治機構内部にもようやく腐敗するものが生じて、徴税や献金運動の不振、国営企業の赤字などとなって表れた。強気の中共政府は、高まる民衆の不満の前に、まず公務員を槍玉にあげ、一転して気をよくした民間にもまた劇薬を投じたのである。

五反運動はだいたい三期に分かれ、第一期は各人の担白（自白）を求め、第二期には店員・工員などによる罪状告発、証拠書類の検査、第三期は法令および国家経済に対する違反の度合いに応じて、業者を五段階（遵法者・基本遵法者・半遵法半違法者・重大違法者・完全違法者）に分け、法を遵守している者には営業を続けさせ、違反の軽い者には自首および罰金、重い者には体刑や死刑を敢行した。

彼らは法の原則である罪刑法定主義を無視して勝手放題の刑罰を濫用し、しかも刑罰不遡及の原則をも破棄して、みだりに過去に遡って罪を追求捏造した。倒租・倒息といって、小作料や地代・利息などを過去何十年にも遡って吐き出すことを強要するようなことをやった。そのために数えることのできない犠牲者を全国的に出し、元来自殺ということの少ない中国の民衆に数百万という自殺者を出した。

この五反運動で民間の巨大な財産が政府に没収され、これは中共のインフレ経済を引き締めるのに役立ち、戦争のための赤字経済を補填するのに非常に役立ったということであるが、なんという暴戻な詐術であろう。中共はこれによって歴史的な官民の腐敗風俗を一洗し、社会主義建設に進む道を大いに開いたと豪語したものである。

しかも政府はこの運動を青年子弟の実地教育に応用して、活きた学習の一手段という意味で、学生を総動員し、朝から晩まで町中を駆け回らせて摘発に従事させた。「訐いて以て直となす」ことは『論語』以来中国国民道徳の卑しむことであり、親は子のために、子は親のために隠すのが人情の自然であるものを、中共は徹底的にこれを逆用したのである。

「易簡にして天下治まる」ということは中国独特の『易経』に代表される政治思想であり、政治は一つの「省」の字（省く・省みる）に帰することができる。為政者がよく自ら「省み」、煩瑣なことをよく「省」いて、民衆を「無事」ならしめることが政治の主眼である。それで〇〇省という。

中共政治はまったくこれを逆にした煩雑苛烈に耐えないものである。全国一千万の共産党員を細かい細胞組織にして、都会の町内、農村の各部落、あらゆる団体内に党支部をつくり、それから人民をあますところなく地域的に隣組制度に織りこみ、また児童少年隊・青年団・婦女会というふうに種別的に、あるいは産業別に縦横に組織して、密告を奨励し、監視責罰を厳重にし、人民はすべて身分証明書を肌身離さず、当局の許可なくしては文字どおり身動きがならない。いたるところの職場・商店・ホテルや街角に「意見箱」があって、サービスの不備や行政の欠陥に対する投書を許すことになっているが、実は人民の陰用されたことは聞くに忍びぬものがある。

険なあばきあいを奨励するもので、妻が夫を、子が親を、隣人が隣人を密告することに悪用されたことは聞くに忍びぬものがある。

中共はまたみだりに「人間改造」ということを誇称し、猛烈な「学習」や「洗脳」を人民に強制した。職場・学校・住宅・商店・街なども各地区にある共産党支部および新民主主義青年団の支部が、これら地区の学習を指導し、学生は土曜を除いて毎日一時間ずつ、教師は毎週三回、そのうち二回は、政治学校のマルクス・レーニン・毛沢東主義の教育を受けねばならない。住宅地区では、比較的大きな各家庭の主婦が集められ、日曜を除いて毎晩八時から九時まで同様に学習させられた。これらのことを嫌ったり悪くいえば、ただちに反革命・人民の敵・裏切り者となって厳罰されねばならない。かくして人民は婦人、青年、少年まで皆一定の型にはめられて、まったく思想の自由も何もない。はなはだしい人民の奴隷化・機械化である。中国の民衆が一朝にして生まれ変わらぬかぎり、こんなことを喜ぶわけは絶対にない。

蚊や蠅をなくしたということ、それとて多くの帰国者の話によれば、必ずしもそうではないが、とにかく少なくはなったであろう。しかしそのために人民がいかに気違いじみた騒ぎをして回ったか、世界が知っていることである。建設、建設といって驚くが、秦の始皇帝も隋の煬帝も行なったことを近代的に行なっているにすぎない。しかもそのためには始皇帝も煬帝もなし得なかった人民の駆使、犠牲を大々的にやって得々としておるのである。

それではなぜ昔のように人民の叛乱革命が起こらぬのかと考えられよう。それは共産党が体験で会得した革命弾圧方法の巧妙になったことと、近代の科学技術の進歩とが、もはや竹槍蓆旗（むしろばた）の民衆蜂起はおろか革命陰謀をも容易に行なえぬようにしているからである。よほどの内部崩壊か外国勢力との衝突がないかぎり、人民が革命を起こすわけにはいかない。

## 革命の本義

もともと革命というものは冷厳なものである。革命という言葉を多く人々は西洋から訳したもののように解しているが、革命という言葉そのものはそもそも『易経』から出た言葉である。春秋戦国の世から革命は依然として国民の大問題で、革命が行なわれるとか行なわれぬとかいうことは一つの「命」であった。天命・人命と同じく国命がある。

この命は要するに創業垂統がどういうふうに保業守成されてゆくかの超個人的な動きである。本当は創業垂統が、正しく溌溂と継承され、即ち保業守成されてゆくにこしたことはない。円滑に、活発に、常に新たに、即ち、「日に新たに、日々に新たに、また日に新たに」スムーズにゆくのを「因命」という。これがそうゆかないで大きな変化、大きな波をうってゆく場合「革命」という。国命に因命と革命とあるが、これを細分すると「因の因」なるものがある。これはもっとも純粋な、いわゆる「維新」である。因であるが因の中にやや作為があると「因の革」である。「革」の中にも割合進化的・エボリューショナルなものがある。これは「革の因」なるものという。それが大きな変革を免れぬ場合、いわば、外科的大手術をやって初めて命を繋いでゆくものを「革の革」なるものという。因の因を正命といい、因の革を受命といい、革の因を改命といい、革の革を革命という。そこで東洋流に考えると、革命よりは改命、改命よりは受命、受命よりは正命でゆきたい。

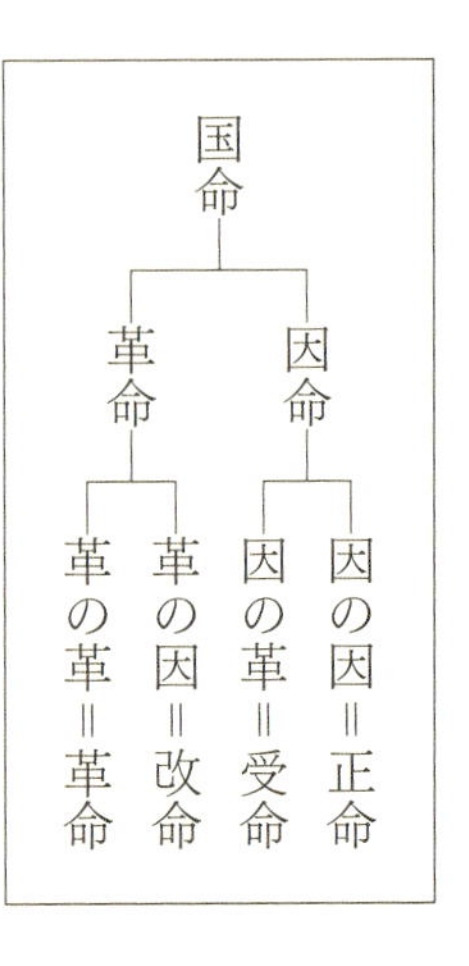


健康でいうと「日々これ好日」というような、何の苦もなく健康を維持してゆくのは、正命、ちょっと時々風邪をひいたり、腹をくだしたりするが、頓服で治るというのが受命、

だいぶ注意して従来の生活方針を変えて治療を要するというのは改命、大々的手術をやるのは革命である。誰だって病院で大々的手術を受けることはそう礼讃すべきものではない。だからあまり革命を礼讃するのは、病的心理である。

革命とは何かということについていろいろ議論もあるが、いちばんぴったりとくる西洋人の説の一つはアメリカのバーナムJ. Burnhamである。この人はアンドレ・モーロアA. Mauroisがマキャベリとか、モンテスキューとか、マルクスというような人に次ぐ政治的作家であるといって非常に高く買った。この人の『マキャベリアンズ』The Machiavelliansという本があるが、この書物はモーロアがマルクスの『資本論』以来の名著だといっている。元来、マルクス、レーニン、スターリンらの共産主義とは違った独自の共産主義を考えて、亡命中のトロツキーと猛烈な論争を展開したが、そのうちに一切の共産主義を捨ててしまった。最近彼の『経営者革命』という本が訳された。この『マキャベリアンズ』の中に、「なんと理屈をいっても、革命とは要するに権力争奪の闘争である」と喝破している。

革命を実行したナポレオンは端的に言い放っている。「理屈はどうでもよい。革命は未だ持たざる者がすでに持てる者より奪うことである」と。いかにも現実的である。ナポレオンよりもっと手酷いことを『六韜』にズバリと言っておる。「天下を争うものは野獣を逐うが如し。おのおの肉を分かつ志あり」。バーナムはこれを要するに近代的に説明したのである。

即ち社会の価値の相違は、エリートと非エリートとの差にすぎない（エリートというのは元来フランス語 élite で、精鋭とか俊秀とかを意味する）。つまりどういう社会かということは、どういうエリートがおるかということで決まる。政治学はそのエリートをいかに組織するかの学問だ。そして、政治はそういうエリートがいかにしてその権力を正しく賢明に維持してゆくかということである。ところがそのエリートがエリートたる実力をなくして、自分も自信を失うし、職責を果たすこともできなくなるにつれて、民衆がだんだんそのエリートから離反する。そこにエリートの交代が起こる。そのエリートの急激な変化を革命という。

その革命を暴力に訴えずして、民衆がエリートを自由に批判し、改選してゆけるのが真の自由である。民衆が、民衆の意思によって、自発的に自己の社会のエリートを改変することができなくなって、少数の意思と暴力によってその社会のエリートに急激な変革を生ぜしめるのが暴力革命である。そうなるとデモクラシーの価値はない。暴力革命というものは、エリートがエリートたる実力をなくして、しかも民衆が自発的にそのエリートを改変するだけの自由もない時に生まれる一つの病的現象である。彼はこう説明している。まさにそのとおり。いつまでも旧態依然たる政治を続けているようでは、結局革命を招致する。ある種の暴力革命もあり得るわけである。

私はスピノザ Spinoza（1632～1677）という人が好きだが、スピノザは不安と懐疑というものとを区別しておる。「不安は、自己の無力から出る漠然たる感情であるが、懐疑というものはそんなものではない。懐疑というものは誰にもできるものではない。しっかりとした中核的思想を持たなければ懐疑はできないものである。むしろ危険は、大切な指導的地位にある人々が当然なすべき懐疑をなさないで漠然たる不安の中に生きることである。我々は無用な不安の中に生くべきでない。しっかりした中核的思想を抱いて、価値のある懐疑をしなければいけない。それによってのみ問題を解決し、進歩してゆくことができる」と。

近代フランスの名教育者といわれたアラン Alain（1868～1951）も説いている。「我々はしっかりとした中核的思想を持って、いわゆるバックボーンを持って、正しくこの時局を懐疑し、漠然たる不安であるとか、何にもならない漫談に時を過ごすべきではない」

多くの人々は、「一般よりかえって共産党の方がしっかりしている。第一、思想・信念を持っている。宗教にも等しいものを持っている。立派な理論とまた組織を持っている。だから我々も、共産党を打ち破るだけの何か理論・信念を持たなければならぬ。そして負けずに組織を作らなければならぬ。そういう理論や信念が何かないものか。それを与えてもらえたら結構だ」。この考え方がいちばん普遍的だが、実はいちばん間違った考え方であると思う。

思想とか信念とか、信仰とかいうようなものは、他から与えられたものではだめで、個人の魂、個人の人格を通じて発してくるものでなければならない。どんな立派な理論・思想・信念であっても、他人のものではだめである。どんな立派な理論や信仰でも、それが自分の中を通じてこなければ、決して生きた力にならない。もしそういうものを外に求めるなら、ないなどとは絶対に言えないことであって、インドにも、シナにも、日本にも偉大な理論を持った思想・信念・信仰はざらにある。無尽蔵である。儒教にしても仏教にしても道教にしても、神道(しんとう)にしても、そういう祖先以来の法蔵・道源をさぐれば限りなくある。ただしそれが何人かの熱烈な内面生活を通じて初めて生きてくるのであって、個人個人の魂を通ぜざるかぎり、人格を経由せざるかぎり、いかなる学問も信仰も、それは山の中にある原鉱石や、地中に埋もれておる木の根と同じである。なんにもならない。自分を棚にあげて、都合のよい何ものかがあれば、それでもって大いにやるんだというような考えは根本的に間違いである。

もし日蓮という人が出れば、日蓮を通じて法華経は新しく活かされ、あのような新宗教になる。しかし法華経というものは新しいものでもなんでもない。親鸞にしても道元にしても皆そうである。なんにも別段新しいものを拾ったのではない。国民の中から一人でも多く大覚者、志士、仁人が出て真剣にものを考え、行動することである。そうすれば必ずやがてそれは大きな力になり、組織になり、時勢を動かす。それよりほかに道がない。

いちばん虫のよい注文はそういう傑出した人が総理大臣になってくれることである。有力な議員になってくれることである。日本の教育界はどうにもならんというが、偉大な総理大臣と文部大臣が現れたら、現教育を一新することはなんでもないことだと確信する。人材がそういう立場に出ないで、福沢諭吉のごとく、新島襄のごとく、中村敬宇のごとく、道元、日蓮のごとく、中江藤樹、二宮尊徳のごとく民間に出るならば、よほどの悪戦苦闘をしなければなかなか力が伸びない。それでもなんでもとにかく真剣にものを考え、行動する人が出てくるよりほか、救いの道はない。

前大戦の時イギリスにB・キッド Benjamin Kidd という非常に見識の高い学者がいた。たしか一生に三冊しか本を書かなかったと思うが、この人の著書に『力の科学』The Science of Power というのがあって、先覚者の微々たる力がいかに大きく時代をつくってゆくかというその力の関係を説いている。

## 不和的人物——マルクスとその人

達観すれば、宇宙も人生も大和の中に存在し、活動しているのであるが、その内容に立ち入れば、決して簡単なものではない。否、限りなく複雑微妙なものであって、見ようによっては大和とは大いなる矛盾ともとられるであろう。大いなる造化・永遠の生命の中に、間断なく新陳代謝が行なわれている。その一辺に即すれば、解せぬこと、耐えられぬことが多い。

現代文明生活そのものの中にも容易ならぬ自壊性がある。徹底して言えば、人間自体の中に、生きようとする本能と死のうとする本能——建設的傾向と破壊的傾向とが間断なく相争っている。そういう相反する力の相剋が（もっと深く論ずるとまた違ってくるが）、物理・化学・生物学の世界においても行なわれておると同じように、人間をあるいは進歩せしめ、あるいは退行させる。その死本能・破壊的傾向が、大戦の後には、ダダイズムやエキジスタンシアリズム（existentialism 実存主義）のような、虚無的・背徳的思想行動を生じた。革命の流行思想もまたこれと深い関係がある。

今日は教育を受けた者ほど、革命を避けられないもののように考えている。彼らは革命によって無能で腐敗した政府の代わりに、新鮮で活気に富み、聡明で有能な政府を打ち立て、続々人気のある新政策を断行して、内に平和と希望とを実現し、外国に対して力のある友好関係を開けるように、なんとなく感ぜられる。ところが近来の事実はその反対で、無秩序と動乱と、暴力と恐怖と、困窮と破滅と、すべて意想外な惨事が起こりがちである。革命の歴史的研究家であるアメリカのC・ブリントン教授C. Brintonも、その好著『革命の解剖』の中で、

「革命の免れがたい非常事態は、幾百万の人間を不義と圧制との恐怖に陥れ、善良な人間ならば滅多に受けるはずのないような苦痛の中に多数を突き落した。苟も思慮の深い人ならば、これらの革命の記録を通じて、たとえ革命のある目的がどんなに望ましいものであるにしても、否、革命の実際の成果のあるものがどんなに望ましいものであるにしても、そのために支払われた社会的・精神的犠牲が大きすぎるということを知るに違いない。おそらく我々としては、その犠牲は払うだけの価値あるものであったと結論しなければならないであろうが、同時にまたやはり、将来においては、こういう犠牲を避けることに努力しなければならない」

と論じておる。まことに着実な科学的結論である。

実際、悲惨な革命は避けようと思えば十分避けられるものである。いかなる革命も決して故なくして突然起こるものではない。必ずそれ相応の原因由来がある。特に政治の無能

と腐敗、それに伴う民衆生活の困窮と前途の不安、民衆の為政者に対する失望・軽蔑・憎悪・怨嗟は常に革命を惹起する先行条件である。戦争による荒廃と絶望的苦悩はそのもっとも強烈な誘因となる。それとともに我々はまた初めに述べたような文明の神経症的精神病的傾向に深く注意せねばならない。環境のはなはだしい荒廃は、その中で生活する者に、知らず識らず耐えがたい孤独感や無力感を抱かせる。

これを仔細に検討したフロイトS. Freudをはじめとして、多くの心理学者たちがこの秘密を説明しておるが、それは人間に内在する複雑なマゾヒズムMasochismやサディズムSadism的倒錯をかきたてる。マゾヒズム的傾向というのは、自ら進んでなにかを為そうという自主的な意見も気力もなく、たえずなにか頼りになるものに倚りかかろうとして、漠然と悩んでおるのが始まりで、それからだんだん自己の劣等感・無力感・個人の無意味さというような感じに強く支配され、良識のある者から見ると、少し変だと思われるような自己批判や自己非難に耽り、それなら歯を噛みしめて克己修練すればよいのに、それは一向しないで、果ては悪魔の思うつぼに嵌まって、自滅の谷に転落してゆくような者のことである。

サディズム的傾向はこれと逆に、他の者をまるで陶工の手中の土のように自由にひねくり回したい。自由にひねくるばかりではなく、進んでこれを責め苛み、虐げ、傷つけ、しかもその相手が苦しみもがくのを見て楽しむというもので、こういう傾向の強い精神異常者は、自分を非凡な人間のように錯覚し、神より特に選ばれた教祖や、偉大な革命家を以て任ずるようになりやすい。この二つが陰と陽との理にしたがってまた相交錯し、苦しめられ、追い回され、辱められながら、それに興奮し、満足する狂信的な人間、サド・マゾヒストが続出する。革命は正しく行なわれるよりも、こうした妖性の場合がいつも多い。試みに近代の革命思想家・革命家の有名な人々の実体を赤裸々に観察してみよう。

近世革命思想を論ずる場合、まず誰にも思い出されるのはルソー J. J. Rousseau である。ルソーはたしかに天才であった。非凡人であった。しかし同時に精神病的人物であったことも確かである。彼の父はジュネーヴの時計師であったが、軽薄で、性急(せつかち)な放蕩者で、ルソーもその系統を引いて、神経質な、たえず精神の動揺する、意志薄弱な、性的変態者であった。しかしその半面に不羈(ふき)奔放な思想と、極めて魅力に富んだ文才に恵まれていた。有名なヴォルテール Voltaire が「ルソーを読むと、動物のように森の中を走り回りたくなる」といったくらいである。その魅力で、彼は文明を憎み、自然に返れと叫び、急激な社会変革を煽動した。

そのルソーに帰依したトルストイ Tolstoy も、名門の出であるが、悪質の血統を遺伝している。トルストイ家には狂暴な性癖や奇矯な変質者が多く、彼も放蕩から禁欲へ、絶対的懐疑から信仰へと、極端から極端に変わっている。

同じくロシアの貴族出身で、無政府主義を主張し、徹頭徹尾マルクスと喧嘩したバクーニン Bakunin はどうか。彼は好んで強盗・窃盗・酔漢・浮浪人と交わり、いつも乾杯する時は、「願わくば一切の法律も秩序も破壊せられ、悪辣な情意の解放せられんことを」と唱えた。彼は「革命の初日にはなくてはならぬが、二日目には射殺されねばならぬ人間」と評されておる。まったく「不思議なロシア人」であったのである。

そのバクーニンが影響を受けたフランスのプルードン Proudhon は、「魔神サタンよ、汝の本体がなんであろうとも、俺の父祖が神と教会とに反抗して帰依した汝悪鬼こそ俺の味方である」と叫び、神を罵り、人間の財産を盗品とし、文明を呪詛した。この師にしてこの弟子あり、バクーニンと好一対である。そのバクーニンをして、「ウラルからアドリア海に至るすべてのスラヴ人は、その言語がどんなに違っていようとも、次の言葉だけは共通して持っている。即ち〝ドイツ人を倒せ！〟これだ」と叫ぶに至らしめたのは主としてマルクスのためだといわれる。そのマルクスとはいったいどんな人物であろう。

この共産主義者の偶像になっておるマルクスが、またどう贔屓(ひいき)目に見ても正常な人間ではない。

マルクスのような人物が輩出することは容易ならぬ不祥である。しかるにこれほどマルキシズムが流行し批判されておりながら、ほとんどマルクスの人物が正しく人々に伝えられていないことは怪しむべきことである。その点でシュワルツシルドL. Schwarzschildの『赤いプロシア人・カール・マルクスの生涯と伝説 The Red Prussian, The Life and Legend of Karl Marx.』（滝口直次郎訳『人間マルクス』）は材料をことごとくモスクワのマルクス・エンゲルス研究所版に採っており、率直にありのままの人間マルクスを露呈しているのが面白い。すべて学説の前に、伝記（それも正確な）を知らねばならない。

カール・マルクスの父ハインリッヒ・マルクスは弁護士で、その愛児の教育には留意しておったが、父は彼について気になることを発見した。それは彼が一向に学校友達というものをつくらず、友達について何の話もせず、友達に手紙を書いたこともなく、ほとんど友情を解しないということであった。彼は自由な時間はできるだけ大人と過ごした。それも二人だけである。一人は彼の父であり、他はプロシア王国枢密顧問官のウェストファーレンであった。この娘が後に彼の妻となったのである。彼はこの二人の大人に対して、飽くことを知らず質問や議論をふきかけては、しつこく食いさがった。彼は目が黒く、顔は浅黒く、鼻はやや平べったくて、ムーア人に似ておったので、ウェストファーレンはマルクスの父に、「君のムーア人は昨日もまた僕を絞ったよ」と笑いながらよく語った。マルクスは母とも合わなかったようである。

マルクスはトリエールで大学予備校を卒業してから、ボン大学に入学することに決めた。当時卒業試験を終わった学生たちは、大学に行く前に旧師を公式に訪問することが一つの礼儀になっておって、それを怠るのは師に対する侮辱とまで見られていたそうであるが、彼はついに一回も訪問しなかった。父は彼の性格の中にだんだん厭わしいものを発見して、ボンにおる彼に、「お前にはいろいろ良い性質もあるが、しかしお前は利己主義の熱に支配されているという お前に対する私の考えが残念ながらお前のやりかたによってますます深められた」といってやっている。また別の手紙の中には、「お前は自己保存に必要以上の利己主義をもっている」とも指摘しておる。

マルクスは長男であり、学校の成績も良かったが、次男は低能、三男は病弱であり、結核で夭折した。ほかにも五人姉妹があったので、父の家計は決して楽ではなかった。しかしマルクスはこれに対する遠慮気がねなど一向なく、ボン大学の学生時代には、いちばん金持の子弟でさえも、年に八〇〇ターレルは使わないのに、彼は七〇〇ターレル以上も使って父を困らせた。そしてその金を搾りとるために、彼は不正直な傾向をも示し始めた。両親あての手紙には、大仰な誇張に満ちた形容詞を使って、父の「胸を悪く」した。この父も彼の二十歳の三月に亡くなり、それから三年間、彼はベルリンに遊学して、母に残されたわずかな資産の中から送金を受けていたのに、トリエールの家に帰ってからは、母や家族の者と折り合いが悪く、母も姉も、「お前はもう二十四になったのだから、母や多数の子供たちが生活するのに必要なわずかな収入に寄食しているのは男らしくない。かつ無責任だから、自分で働いて生活するように」と説いたが、彼は「家の連中は金があるのに私の生活を妨害する」とひねくれ、他人にやる手紙の中にも、「もっとも厭わしい家庭争議」のことを書いて、「母が生きているかぎり、私は財産をもらうことができない」とこぼしている。そして結局この母にも一生食い下がり（父のわずかな遺産が母の所有になっていて、母が死ねば彼のものになるわけであった）、弁護士までかけて搾取した。母が死んだ時には残額わずか十二ポンドしかなく、彼をいたく失望させた。

貧乏は彼を深刻に苦しめた。貧に対する洒落なふうなど全然ない。プロレタリアの独裁者を以て任ずるマルクスは、娘のラウラが好いていた求婚者ラファーグに手紙をやって、「事を進めて約束したりする前に、そちらの家庭の経済事情について、はっきり知りたい」と要求しており、その富裕なことを知って安心したのである。「僕の金銭事情の秘密」――エンゲルスへの彼の手紙の中の語である――をラファーグに知られることを恐れて、「実際のことを知らさないでおく必要があった」（同じくエンゲルスへの書信）と策している。しかしこの婿は出来損ないで、娘のラウラは結局、母同様家計に苦しめられ、ついに自殺した。

マルクスと交際した友人は皆悩まされた。彼のベルリン時代、もっとも親密な友人と彼自ら語っていたルーテンベルグ（プロシア兵学校講師）は、いっしょに地方新聞を経営するや、たちまち「批判的才能も独立の能力もまったく欠いていて」「彼の主要の仕事は句読点を直すことだけだ」と排撃され、激しい敵視を受けた。

彼は額は高くなく、耳は突き出ていて、金切り声で、印象はよくなかった。葡萄酒が好きで、上機嫌の時は冗談も言ったそうであるが、出し抜けに、同じテーブルの誰かに、「僕は君をやっつけてやるぞ」と言う妙な癖があって、それを繰り返し繰り返し言っては愉快がった。彼の古い友達の一人であるルーゲは、「マルクスは歯をむき出して笑いながら、彼の行く手の邪魔になるものは誰でも抹殺するだろう」と評している。また同志の一人クリーゲは、社会主義の宣伝に、愛とか、人道とか、道徳とかいうような言葉を三十五度も使ったことを指摘されて、「そんな〝空文句〟で説明する〝感傷的な婆ども〟は、反動主義者にほかならぬ」とマルクスから大攻撃を受けた。

バクーニンはよほどマルクスを嫌ったと見えて、マルクスやエンゲルス、ことにマルクスを、「いつも禍いの種を播きちらす奴」といっており、また「虚栄心と悪意と喧嘩と理論的狭量、要するに虚言と愚鈍、愚鈍と虚言だ。こんな奴らといっしょでは呼吸も楽にできない」と憤慨している。

　またマルクスの長年の友であり、同志であり、援助者であったフライリッヒラートも、最後に彼から報いられたものは「脂ぎった俗物」「鼻持ちならぬ奴」「卑劣な無頼漢」「豚野郎」（マルクスよりエンゲルスへの手紙による）の罵倒であった。かつマルクスのためにはもっとも熱烈で忠実な信者であり、また経済的にも、彼の経済学批判の著述を出版するためにも、犠牲的に尽力してくれた恩人であるラッサールさえ、事ごとにマルクスから悪意と奸計を以て報いられ、マルクス・エンゲルスの間の手紙の中で、「ラッサールの犬め！」と呼ばれている。しかもラッサールは寛容であった。その彼が拳銃の決闘の結果、非命に斃れた時、マルクスの弔辞は単に、「あんな騒々しい、押しの強い男が本当に死んでしまって、これから永久に口を閉じてしまったとはなかなか信じられんことだ」であった。

　ただ一人、生涯形影相したがって、あらゆる尽力を吝（おし）まなかったエンゲルスでさえ、実は最愛の妻を亡くして、マンチェスターで悲嘆に暮れていた時に、マルクスはあっさりした弔みの手紙の中に、例によって自分の窮乏を訴えて、至急金を送れといってやった。これには、さすがのエンゲルスも怒りを爆発させて、「今度の僕の苦しみと、君の取ったまことに冷たい態度とを考えると、すぐに返事が書けなかったわけがわかるだろう。僕の友人は教養のない連中まで、みな予想以上の友情と同情とを寄せてくれたが、君は例の冷酷なものの考え方の優れていることを示す適当な機会だと考えたらしい。それもよかろう。

君は勝利を楽しむがよい」と書いたのであるが、少々考えなおして最後の文を消し、「今は金がない」という文句に改めて出したのである。マルクスも、これには参ったと見えて、さっそくヌケヌケと詫び状を書いて、それも極度の窮乏の罪に帰している。

プロレタリアも実はマルクス・エンゲルスにかかると、「あいつら」「あの驢馬ども」「何でも信じる愚かな労働者」であり、エンゲルスよりマルクスへの手紙の一つには、「民主主義的愚民や、赤い愚民の間で、いや共産主義的愚民の間でさえ、僕らは人気を博するようなことはないだろう」といっていることも、また忘られぬ記録である。革命の亡命者たちも彼らにかかっては、「ひきがえる」であり、「賤民」であり、「亡命愚民」であり、「ジャーナリズムの穢土の中にひしめく腐った亡命隊」であったのである。

彼に添いとげた妻ジェニー・ウェストファーレンほど気の毒な女はない。彼はこの妻だけは心から愛した。一八七一年八月か九月に、マルクスからエンゲルスに出した手紙によれば、この妻の里方の兄がプロシアの内務大臣になった時、ロンドンで貧乏のどん底にあったマルクスは、妻のために「ジェニー・マルクス夫人・旧姓ウェストファーレン男爵」という名刺を刷っている。

マルクスはこのような人物である。以上のことを知れば、たとえこういう人物がどんな天才であったとしても、心ある者は絶対にマルキストにはなれないはずである。そして人間にこういう者が出ること、こういう人間がいかにして救われるか、救われないかというようなことも、深く省察すべき問題である。こういう問題になれば、もはやイデオロギー論争ではだめである。結局宗教的問題である。しかしその宗教も世俗宗教では歯がたたない。堂々たる人道国家を建設することのできる宗教でなければならぬ。マルクスの執念ほどの深刻熱烈な求道者が出てこなければ、なかなかマルクス主義を救うことはできないであろう。

# 自然の中の大和

# 第二章　自然と大和

近代文化とその根本における学問の原理は分析主義で、盛んな派生的傾向を展開した。その逆機能が、細分する専門化につれて知識や生活・人間そのものを偏向・疎外・分裂に追いやる弊害ははなはだしくなり、これを救うために、ふたたび自然をも人間をも綜合的・全体的に把握しようとする要請が、学問・文化の各般にわたって強まってきている。

宇宙人生を完全なるもの the complete whole と見、その複雑微妙な関係、それらのものの偉大な循環関係の連鎖 the great chain of being――つまり宇宙万物の大和(だいわ)については、東西を問わず、古人がその生活体験と知恵とから深く認識してきたことであるが、近来の学問は、新たにこのことを次第に究明・立証しだしている。

「現在、大西洋の温かい水がどんどん北に流れておるということである。この一事はただそれだけの現象であろうか。実はこのことから専門家は際限なくいろいろのことを考察し、調査している。アイスランドやグリーンランドでは、最近数年間に年平均温度が一〇度も高まっておる。北極を覆うている氷冠 ice cap は十五年前から、四〇パーセントも薄くなり、一二パーセントも狭くなった。この温水がどしどし北極洋に流れこみ、一部に氷のないところができると、水蒸気が上る。それは凝結して無限に大吹雪が続くだろう。すると北大西洋の海面は高まって、氷河が大陸を覆うかもしれない。百年後には、北米と西欧の大部分が三千メートルにも達する氷に閉ざされてしまうかもしれない」（注・以上は一九六〇年頃の記述）――と、コロンビア大学レマント地質学観測所長M・ユーイング博士や、ブルックリン大学地質気象学のW・ドン教授らが心配している。

この地球は水がなければならぬ。しかるに所によっては、また時によっては、旱魃でその水がなくなる。逆に大雨が降って洪水になる。幸いに木というものがあり、森林がある。これが山や丘陵・河岸・平野に茂っておれば、洪水や旱魃に悩まされることはない。木の根は地中に行きわたり、土砂を抱き、水を細流に分け、あるいは貯蔵する。そして休みなく、おもむろに沃野を灌漑しながら、次第に大河となって海に注ぐ。その息吹は酸素を放出して、大気を浄化する。鳥類・虫類に住処を与えて人間の耕作に偉大な寄与をする。

木がなくなることの恐ろしい弊害は、日本が今度の大戦で特に身にしみて知ったことである。治山治水が発達して陸の緑化が盛んになれば、それはただちに海洋に関連する。特に日本のように海岸線の長い島国では魚貝が繁殖し、それを追って近海に大魚も集まる。

近海漁業や水産業が繁盛する。それだけでも国民の栄養をどれだけ豊かにすることができるであろう。

## 天に棄物なし

自然・造化・神は、一物といえども粗末には造っておらない。物を粗末に考えないで、物を大切に考える——物を深く知るということ、あらゆる学問も、宗教も、道徳も、芸術も、すべてそこから始まる。ここに一つのオレンジがある。オレンジの成分を考えてみると、これはたいへんなもので、決して粗末に取り扱えないものである。アメリカ農務省のヒルバートという専門家の発表によると、一個のオレンジの中には実にたいへんな成分が含まれており、カリウム、カルシウム、マグネシウム、ナトリウム、アルミニウム、燐、硫黄、鉄、炭素、塩素、それから三種類の糖分、それに酸、またビタミンの数種、酵素が六～七種、少なくとも百種類にも上る化学的成分からできており、その美しい黄金色はカロチノイドという色素によって、しかもこれが十七種類に及んでおる。またその香りは十一種のフラボノイドおよび二十八種のその他の成分からできているという。物の質ばかりでなく、量も、度合いもたいへん意味のあることである。

金属の精錬ということを考えてみると、それがしみじみ味わえる。普通金属といわれるもの、特に純金属といわれるものの中には、九九パーセントのものもあれば、九九・九パーセントのものもあり、あるいは九九・九九パーセントこれをフォア・ナイン 4nine などというが、冶金技術の進歩は分析技術の精度を競って、この九の数をいくつくらい増やせるかということが大問題になっている。この問題は極微の不純物に集中しておるわけで、たとえば非常に純度の高い鉄の中にも百分の一から、千分の一パーセント程度の炭素だとか、硫黄だとか、燐、マンガン、硅素、酸素、窒素が含まれておる。これらが単独あるいは複合の型で予測できないほどの影響を与えていることがだんだんわかってきた。

最近、特に金属と非金属の中間的性質を持つ半導体材料で、その不純物の問題が非常にやかましい。その中でもゲルマニウムというものが現代のやかましい物の一つになっておるが、この金属では、百万分の一パーセント程度のアンチモニーが問題で、原子的にいうと、ゲルマニウム原子約一億五千万個に対して、一個のアンチモニー原子が重大な意味を持ってくるのだそうである。こういうことを聞くと、まことになんでもないものが、いかに大きな意味を持ち、作用をなすか、計り知れないものがあることを、つくづく考えられる。物理からも次第に敬虔に神に到達するわけである。

『老子』に「聖人に棄物なし」——優れた人には棄てるものがないということばがある。ほんとうに物をよく知れば知るほど、決して棄物はない、棄てるものはない。これはそもそも天に棄物、棄てるものがなんにもないからである。

## 土とミミズ

一つ土というものを考えてみると、農業の根源は結局土である。肥えた土であるが、見事な収穫、丈夫な家畜、または健康な人間をつくる根本も、考えてみればこの肥えた土である。植物と動物性廃物を堆肥として施した肥えた土から生まれた農作物を食べている人たちは健康だが、栄養の乏しい土から得た作物を食べている人は病気になりやすい。その土壌は決して単なる無機物ではないのである。生きて活動しているものである。そこにはバクテリア、放射状菌、カビ、酵母、原始動物、藻の類、その他の微生物がたくさん住んでおる。これらの微生物は、主として地表四〜五寸に限られ、もし地下三尺も掘り下げると、バクテリアの数は何千かにすぎないが、地表に近いところでは数十億にも達する。非常に肥沃な土壌では、微生物の量は一反歩当たり十八貫にも上って、これらが死ぬと腐蝕質となり、土地を肥やす。

これらの微生物は少数を除いて、大多数は、非常に有益なもので、自然界の影響に支配されながら、互いに微妙なバランスを保ちつつ生活を営んでおる。もし土壌の状態が他からの影響、たとえば強い化合物に出会うとか、適当な食糧が不足するとか、あるいは気候の変化などによって悪化すると、そのバランスが破れて、ついには彼らによって育ってゆく植物の生長が順調に進まなくなる。

最近アメリカの学界でそれらのバクテリア類を約一千種類に分類しておるが、そのうち約百種が病原菌に属して、動物と人類に病気を起こさせるそうである。というようなことを知ると、土そのものも、限りなく意味の深い大切なものであることがわかる。土も大和的存在の代表である。

その土に蚯蚓(みみず)が住んでおる。ミミズなどというと、人は問題にせぬけれども、これも考えてみると、実にたいへんな意味を持ったものである。見ようによると、ミミズというものは、四六時中休むことを知らない、実によく働く農民である。精農であり、また耕作および施肥の天才である。彼らの掘る無数の細いトンネルは、雨や空気が土中に浸透して、土質を改良する道となり、岩石の多い底土でも、六フィートの深さまでこのミミズが食い入って、それまでは深すぎて吸い上げる力のない植物の根に、鉱物質の養分を運び上げる。彼らはまたその他に、地中の化学的成分を水溶性の化学的養分にしてしまう。彼らに耕された表土は、その前の土に比べて、窒素分五倍、燐酸分七倍、加里分一一倍にも上るという。人間に大切な土地は広さよりもむしろこの表土の厚さであるが、近頃はその表土がやせる一方だそうで、大いに反省せねばならない。

ダーウィンが腐葉土とミミズというものを説明しておる。これによると、ミミズは地中に穴を掘りながら多量の土粒を飲みこんで、その中に含まれておる消化しやすいものを吸収する。腐った葉その他の有機物を食う。ダーウィンは、ミミズの多い土壌では毎年一反歩について二トン以上の乾いた土がミミズの消化器を通過するために、数年ごとに全表土がまったく彼らによって処理されると推定しておる。ミミズはまた地下数尺までもぐりこんで、地下の無機物を前述のように、地表に運んで、これが分解されると、大切な成分が分離して、表土の肥沃土を増す。また彼らは地中に空気を送り、酸素を植物の根元に十分供給する。酸素の供給が少なくなると、植物の多くは病気にかかりやすくなり、ついに病害虫の餌食となりやすい。またミミズは、ある種の病害虫の幼虫を殺すので、農家にとってははなはだ有益なものだというのである。

英国の専門家は、ナイル川の氾濫に続く六カ月の綿花栽培中に、ミミズの糞が一反歩について三十トンに上ると推定した。これは一反歩についてミミズが約四十万匹いることを意味するもので、このたくさんなミミズはナイル川の氾濫によって堆積された有機物を餌として繁殖したのである。ナイル川畔に住むアラビア人が、健康で立派な体格の持主であることは、彼らの食物がミミズの糞で肥えている土壌から作られたからだと言われておるくらいである。

厩肥（きゅうひ）はミミズの繁殖に有効で、土壌には一反歩について約三千匹のミミズしか見つからぬが、相当量の屎尿を入れたところには、二十五万匹くらいが数えられるという。ミミズが活発に働いている土は有機物がその住む全面にゆきわたっておるが、ミミズの住んでない土地では、有機物がかたよってしまう。ところがなにか化学肥料、たとえば硫酸アンモニアのごときを施すと、ミミズに有害で、時には全滅さえする。またミミズは酸性土を嫌う。強い殺虫剤すなわち鉛とか、砒素とか、銅、石灰、硫黄の合剤等もまたミミズに有害で、同様に悪い結果がバクテリアの数にも影響を及ぼす。時には土壌がほとんど無菌状態となって、彼らの助けが得られないこととなり、農家が多収穫を望むあまり、毎年引き続き多くの消毒薬や化学肥料を施すと、ミミズはますます減少して、土壌は固まって、耕すにも困難するようになるであろうといわれている。そういうように、ミミズ一つとって考えても、これはたいへんな意味のある、またとてもとても人間の計り知れない効用を持つもので、実に驚くべき天地の神秘である。

**葛の効用**

日本の山野にたくさんある葛をとって考えても、またこれ実に驚くべきものである。日本の葛がアメリカの農業を救った話がある。それはもう今から約三十年も前のこと（注・一九三〇年頃）、アメリカの南部が非常な暑さと、打ち続く濫作のために荒廃してしまって、どうにも救いようがなくなった。そこで百方研究の結果、日本の葛が輸入され栽培されて、意外な救済になった。

葛は荳科の植物であるが、空中の遊離窒素を固定して、地味のよいところでは一日に十二インチ、一年に百フィートも蔓が伸びる。旱天・旱魃に非常に強い。根の長いものは十二フィートも地中に伸びるそうで、その蔓は一本で約八十～八十五平方フィートに広がって、五百本の葛で一エーカー（四反二十四歩）の土地を埋め尽くす。表土が洗われて、風に飛ばされて、地盤の露出したような痩地の改良にもっとも有効で、その土地を葛の根がしっかりと抱きしめてしまうのに、たった三年くらいでよいそうである。

また葛は牛馬を放牧して食わせることもできるし、草刈機で刈りとって乾燥すると、一エーカーから三トン半もとれるそうである。これは保存飼料になる。霜の後は肥料分に富んだ葉を十分地表に敷くから、山林の落葉の堆積に劣らぬ効果がある。この緑肥の後にトウモロコシを植えると四倍ないし七倍くらいできるそうで、トウモロコシの栽培が終わるとともに、今度はその葛は再び頭をもたげる。

こういうふうに、日本などではなんでもない葛が、アメリカの農業の荒廃を救うというようなことにもなる。これはまったく夢にも考えられなかったことであるが、そういう効用を持っておるのである。ミミズや葛でさえそうだから、まして人間においてをやである。どんなに愚かであり、無能であるといっても、人間は万物の霊長なのであるから、ほんとうに人間を研究すれば、たとえ我々自身が、いかに力がない、徳がないと思っておっても、まじめに反省し修養したならば、どんな立派な素質や能力が含まれておって、それがいつどんなお役に立つか、これは計り知るべからざるものなのである。ミミズや葛に負けんように、我々はせっかく天から、神から、親から与えられたこの我々自身を、いかにして立派にするか、お役に立つようにするかということに、もっと真剣になって努力すべきで、決して粗末にしてはならないのである。それが大和の光明世界をつくる。現代はまったくお粗末な時代であり、物事をもったいなく粗末にする時であるが、これでは文明はやがて亡びねばなるまい。

# 第三章　人体と大和

生理学・心理学・病理学・細胞学を始め、あらゆる医科学は、最近ますます精細に人体の神秘を究明し合うようになってきた。人体がまったく神秘な一宇宙であることを、今日もはや何人も疑うことができない。身体を通じて生命は、大宇宙と同じように創造・変化の妙用を営んでいる。人間の脈搏は宇宙のリズムをひめやかに伝えている。

## 糞便も般若行

人間を卑しんで糞袋(ふんたい)などという。しかし仏教哲学は「放尿屙屎(あし)皆是れ般(はん)若(にゃ)を行ずるなり」と説く。科学はそれが正に真理であることを証した。

多くの人々は糞便は食物の滓(かす)とばかり思っている。決してそんなものではない。大切なわが身体の細胞の残骸がその大部分なのである。身体の細胞は不断に新陳代謝している。三年たたぬ中に、全身の細胞は維新を遂げる。これを思うと、騒がしい社会革命などは、人間の愚かなるものの尤(ゆう)なるものである。

単細胞から発達した人体は幾百億という細胞のもっとも高度に発達した文化形態である。

そこではそれだけ多数の細胞によって、生産から貯蔵・修理・通信・運輸・交通・政治・教育等、あらゆる仕事を神秘なほどの大和(だいわ)を以(もっ)て円滑に遂行している。

## 食べたものはどうなる

我々がうまいすき焼の牛肉を食べたとする。それは主に小腸という偉大な化学工場で処理され、そこの酵素の働きで種々のアミノ酸に分解され、腸内壁の数百万もある絨毛血管を通じて血液の流れの中に摂取され、肝臓に運ばれる。肝臓はこれを受取って、筋肉に必要な糖や、細胞組織の形成や修復に必要なアミノ酸が適量に含まれているかどうかを精密に検査して、多すぎると一部を貯蔵し、一部を排棄する。すき焼に加えた砂糖や馬鈴薯も同様にして、小腸内で葡萄糖に変わり、これらも肝臓に入ってくる。これが筋肉を働かす燃料になるが、多すぎると糖原に化して肝内に貯えられ、必要に応じてまた葡萄糖に化せられて送り出される。脂肪も腸内で酸に分解され、琳巴(リンパ)系に吸収されて血液中に加わり、燃料の役目をする。蛋白質も血液に加わって、骨に必要なカルシウムを、歯に必要な燐を、甲状腺に必要なヨードを提供する。蛋白質の一種で、葉緑素の兄弟分である血色素は酸素を運輸する。それらの広大な交通網である動脈血管は末端の複雑な毛細血管網に達する。天文学的な数の血球がここを通過して、各細胞への栄養供給と同時に、静脈に移行して炭酸ガスやいろいろな老廃物を運搬する。

この体液を腎臓は一日二十四時間に一八〇リットルも処理して、尿素やアンモニアのような老廃物を分離し、濃縮して尿を作り出し、ナトリウム・カリウム・マグネシウム・燐酸のような鉱物質を調節し、血液中の水分を適当の割合に保ち、酸・塩基のバランスをとって、その一七八リットルほどを血液に還す。

**呼吸**

その間も我々は始終呼吸する。生きることは同時に息することである。この呼吸を司るものが肺臓であることは言うまでもない。この肺内には微妙な空気袋である肺胞が七億五千万個もあって、その総面積は五十六平方メートルに及び、身体皮膚の二十五倍に当たる。これを前記の毛細管が包んでおり、血液はこの管を通じて、肺が吸いこむ新鮮な酸素を摂取し、炭酸ガスを吐き捨てる。身体中の血液が一応ここを経由し、青黒い濃液が、鮮紅色になって出てゆく。

肺は毎分十四回から十八回呼吸し、一呼吸約半リットルの空気を吸う。平常肺にある空気量は約三リットルであるから、六分の一の空気が入れ替えられる。運動する際は多量の酸素が要るから、肺活動は深く速くなり、安静時の十倍以上の酸素が供給される。前かがみの胸のへこんだ姿勢は自滅形態である。人はよろしく胸を張って、肺を自由潤大にせねばならぬ。この呼吸が五、六分休止すれば、脳細胞が酸素欠乏のため、復活のむずかしい故障を起こす。大和の生体機関はストライキやサボタージュを一切やらない。やることは自滅することなのです。

恐ろしいことであるが、煤煙・塵埃・喫煙・車の排出ガスなどのため、都会人に喘息が多い。気管支が炎症を起こして、その粘液で塞がる。
この時ただちに救援に赴く者は副腎皮質のステロイドホルモンである。大和機能の一例である。

## 内分泌腺の機能
## ナポレオン診断

こういうホルモンを出す内分泌腺組織は人体内のもっとも政治的性質をもった機能である。政府が各省を持っているように、現在判明しているところでは、内分泌腺に約八種ある。松果腺・脳下垂体・甲状腺・副甲状腺・胸腺・副腎・膵臓・性腺（睾丸・卵巣）である。本書の冒頭にも説いたように、これらは細胞組織を鼓舞したり、抑制したり、平衡を権ったり、いろいろと身体の大和・生成そのものを司っている。一朝事ある時、卒然としてこれに応ぜしめるものは副腎である。故に「戦いの腺」とも呼ばれる。その司令官は脳下垂体である。

ここに一つの興味深い事例をあげよう。それはナポレオンの病理に関することである。宮本武蔵は生涯六十余度の戦いに、一度も負けなかったことを自ら説いているが、ナポレオンも六十度の戦いに一度も負けたことなく、怖れを覚えたことがなかった。しかし彼自ら語るところによれば、薬を唇にもってゆくと身慄いがしたそうである。要するに非常な健康であり精力であった。彼は疲れということを知らず、一食も一休もせず、十五時間ぶっ通しに活動したことがある。遠乗りに出かけた時、全速力で五時間馬を飛ばし、百三十キロ走った。随行者は途中どんどん落伍して、最後は彼一人であった。執政官として三年の間に彼がなし遂げた仕事は普通の国王の百年間の仕事よりも多いといわれている。「余の仕事を測る物指しはない」と自らも誇っていた。

しかるに元来その体格は痩型であった。胸は凹み、頬はこけ、顔色は黒ずみ、ただ眼光は炯々（けいけい）として輝いていた。それがロシアとの戦争前から著しく変化し始めた。脂肪がのって、太りだし、体重はめきめき増加して、皮膚の色も白くなり、顔はいくらか腫（は）れぼったく、女のようにふくよかになった。顔色もきびきびしたところがなくなって、重い倦怠の色を帯びだした。それとともに、彼の特質であった機敏な行動性が弱まって、物ぐさになり、無感動になり、大事な時機に優柔不断を示すようになった。陣頭指揮もしなくなって、ボロジノの戦い（一八一二年九月、モスクワ入城前の戦い）が高潮に達した時も、後方にあって肩を丸め、首を垂れて、野戦用折畳椅子に腰かけ、ただ戦況を聞くだけであった。近衛兵を前進させて一気に戦局を決定すべき時機にも彼は躊躇逡巡し、命令を下してはまた待機させた。ミュラー将軍は怪しみ、ネー将軍は怒った。

フランスの運命を決した一つの戦いライプチッヒ（一八一三年十月、連合国軍との大会戦）でも、彼はもっとも大切な時に坐睡を続け、橋が爆破された音で、初めて目が覚めた。この橋の爆破こそ、彼の王冠をふっとばしたものであると評されている。

彼はその頃の医者には分からなかったが、今日判明しているところでは、明らかに脳下垂体を害し、副腎皮質の機能が衰えて、身心ともに無力を来したのである。彼の屍体解剖の結果がこれを立証している。絶代の英雄も生命の原則には勝てない。いかなる権力と組織とを以てしても、天人一貫の大和の理法に背いてなすことは児戯にひとしい。

# 大和的人間の在り方

# 第四章　人格と大和

## 現代人の非連続性

私はある時一人の男がテレビの前に坐っているのを見た。その傍で同時にラジオが鳴っていた。しかも同時にこの人は時折テレビから目をはなして新聞を読んだ。いったいこの人はどこにおるというのだろう。テレビの中か、新聞・ラジオ、あるいは安楽椅子の中か。彼はそれらのすべてであり、そして無でもあった。いたるところにおり、しかもどこにもおらなかった。そして彼の欲したのは実はこのことなのであった。即ちどこにもいないこと、自分自身を解体し、またその破片から自分を組立てることであった。昨日の死はなんとつまらなく、今日の復活もまたなんとつまらないことであろう。この人間は自分自身から脱走しておったのである——というのも当たらない。彼はそもそも自分というものを持っていないのであって、したがって自分自身から逃げるということもできない。彼は一般的崩壊の中の、運動の一小部分以外の何ものでもないのである。

現代人は内面的に連関性をなくしたごたごたの中に生活している。我々は内的に寸断されてしまっているのである。我々は連続性の中に生きているのではなく、非連続性の中に生きているのである。一つの印象、一つの感情、一つの考えが、隔絶されながら、それぞれ別の印象や、感情や考えの側に平気で並んでいる。——否、先立つものがまったくなかったかのように、次々と立ち現れるのである。ただ絶え間なく何ものかが、瞬間を通って転じてゆくだけである。——と現代スイスのゆかしい思想家M・ピカートがその「騒音とアトム化の世界」の中に描写している。

まったく驚くべき科学・技術の発達、社会の組織化・大衆化の進展につれて、人間個人は次第に個性や内面生活を失って、散漫になっていっておる。それとともに生命力が弱くなっているのも事実である。寒ければ温かくし、暑ければ涼しくし、歩く必要はなくなり、病と戦うにもあらゆる援助があり、寝るにも薬が手伝ってくれる。スピードアップで距離はなくなり、インスタントで時間はかからぬ。レジャーは大衆娯楽のブームを作り、人はレイジー lazy（怠惰）になる。ここに恐ろしい人間の危機があることは、現代のあらゆる先覚者たちが熱烈に憂慮し、警告しておることである。

## 「人物」の人間内容

人はもっと生命と人格の健全性を回復せねばならぬ。人格も複雑微妙きわまりない大和的存在である。故に円満を貴(たっと)び、偏狭を嫌う。偏人・編人は不自然である、やはり変人である。つまり、いやに理屈ぽくて情理がわからないとか、激情的あるいは感傷的で、理性や意志の力がないとか、ひどく意欲的で、義理も人情も、周囲の迷惑も顧みないというようなのは、人格として不合格である。

ただつまらぬ人間ではなく、人格として優れた者を人物という。人物とはいかなる人格、いかなる人間内容を持つものであるか。

### 気力

人格の原質ともいうべき第一は気力——肉体的・精神的な力である。これは案外、見てくれの身長や肉づき、外見的な体格、言語・動作に表れている向こう意気というようなものではない。むしろそういう点では振るわない、もの静かなふうであっても、事に当たると、ねばり強い、迫力や実行力に富んだ人がいる。潜在エネルギーの問題である。孟子で名高い「浩然の気」がそれである。この気力が養われておらねば事に堪えない。せっかくの理想や教養も、観念や感傷になってしまい、人生の傍観主義者・孤立主義者・逃避主義者、あるいは卑屈な妥協主義者になってしまう。

## 志操

この気力はその人の生を実現しようとする一般者・絶対者ともいうべき遺伝的創造力の活動であって、それは必ず実現せんとする何ものかを発想する。これを理想――志という。理想――志は空想ではない。空想はその人の生命（人は精神的特質をもつから性命という語の方が良い）、即ち創造力・実行力とつながりの薄いものである。理想――志を抱くことは、即ち生命の旺盛な実証である。その場合、気は生気より、進んで志気となる。それが現実のさまざまな矛盾・抵抗に逢うて、容易に挫折したり、消滅したりすることなく、耐久性・一貫性をもつことが「操」であり、「節」であって、志気はここに志操・志節となる。現実の矛盾・抵抗に屈せぬ意味では胆気という。事実これは肉体の肝胆と関係がある。

## 道義

志が立つに伴って、人間の本具する徳性や、理性・知性は、反省ということを知って、ここに我々の思惟・行為に、何がよろしいか、よろしくないかの判断を生ずる。これを義という。義は宜である。そして実践と離れることのできない性質のものであるから、道義というのである。これに反して単なる欲望の充足にすぎず、往往それは志の害となりやすい性質のものを「利」と称してきた。これを「義利の弁」という。利が義と一致するほど真の利である。「義は利の本なり」（『左伝』昭十）とか、「利は義の和なり」（『易経』乾文）ということは正しい。

**見識**

我々の思惟・言説・行為について、何が義か、利か、何人もが良心的に肯定することか、単なる私欲の満足にすぎぬことかというような価値判断力を見識（識見）という。見識は知識と異なる。知は知性の機械的労作によっていくらでも得られるが、それだけでは見識にならない。理想を抱き、現実のいろいろな矛盾・抵抗・物理・心理との体験を経て、活きた学問をしてこなければ見識は養われない。この見識に関連して、特にそれが現実の矛盾・抵抗に屈することのない決断力・実行力をもつとき、これを胆識という。前述の胆気と見識との一和である。

そこで人間はようやく現実の生活・他人・社会・種々なる経験に対する標準が立ってくる、尺度が得られる。自分で物を度る（量・衡）ことができるようになる。

**器量**

人は形態的に言えば、一つの「器」であるが、これを物指しや枡にたとえて、器度とか、器量というのである。「器量人」という言葉が昔からよく使われるが、つまり、多くの人を容れることのできる、内容的に言えば、人生のいろいろな悩み苦しみを受け入れて、ゆったりと処理してゆけることである。古代、宰相を「阿衡」と称したが、阿は倚と同音で、天下が倚りかかれるだけの力をいい、衡は「はかり」の棹で、平・直を意味する。天下万民を信頼させて公平にさばくことができるという意味である。

この器度・器量に結びつけて、器識・器量ということもいわれる。矛盾・衝突の多い国政などになれば、知識人などでは片々として頼りがない。よほどの識量・器識・胆識がなければならない。晋の謝安とか、わが大石内蔵助の人物が、民衆の間に喧伝されるのは、民衆によくこの人間的偉大さがわかるからである。

**信念**

こういう人間内容が、人生の体験を積んで磨かれてくるとともに、だんだんその理想・見識というものが、深さ・確かさ・不動性をもってくる。それを信念という。人間人生ほどおぼつかないものはない。世は夢ということには何人も共感してきた。金剛経の六如偈にいう「一切有為の法は、夢・幻・泡・影の如く、露の如く、また電の如し」である。西洋の学も何がrealであるかを尋ねて発達してきたといってよろしかろう。人は信念を得て初めて事実に到達する。実有を信じ、有徳を信じ、有能を信じ（成唯識論第六）、能く心をして境において澄浄ならしめる（入阿毘達磨論巻上）。真実なるが故に、盲目的な愛欲（大毘婆沙論第二十九）ではなく、人生を汚染することなく愛することができる。

**仁愛**

人が万物と生を同じうするところより生ずる共鳴を愛情という。知を頭脳の論理とすれば、情は心腹の論理である。万物とともに生きよう、物と一体になってその生を育もうとする徳を仁という。仁愛はこのおぼつかない、悩める衆生に対しては限りない慈悲となる。愛は「かなし」である。この慈悲仁愛の情は人格のもっとも尊い要素（徳）であり、信念はこの徳と相俟って人を聖にする。人は智の人でなくてもよい。才の人でなくてもよい。しかしどこまでも情の人でなければならない。

**風韻**

こういう人間の諸内容・諸徳が和合してくると、宇宙も生命も同じく、人格も節奏（リズム）を成してくる。人間そのものがどこか音楽的なものになってくる。これは風韻・韻致・風格などと称する。つまらぬ人間ほど騒々しい、がさつである。偏（褊）人は物にこだわる、凝滞する。人格ができてくると、それがしっとり落ち着いて、柔らかく、和（なご）やかに、声も妙韻を含んで、その全体がなんとなくリズミカルである。

人多き　人の中にも　人ぞ無き
人となれ人　人となれ人

という道歌があるが、人物さえできれば、人生の諸問題は難なく解決する。国家・世界の難事も、要するに人格者が出そろわねば片づくものではないのである。

# 第五章　大和的生活法

「道は邇（ちか）きに在（あ）り」とは名言である。人は高遠な理論や、煩瑣な社会的交渉の前に、あるいはその根本において、常にまずわれ自身、わが日常の生活を注意せねばならぬ。しかるに案外思想家とか学者といわれる人々に、病的な性格や生活が多く、重要な地位に就いて活動している人々にも弱点が少なくない。健康な身体に健康な精神が宿るとは人皆の知る格言であるが、果たして健康な身体であるかがすでに簡単なことではなく、たとえ健康としても、健康な身体に、健康な精神が宿ればよいがと、ローマの諷刺詩人ユヴェナリス（約五〇～一三〇年）も言っている。

環境と身体、精神と身体、日々の生活と身体の微妙な関連は、思い及ばぬものがあり、その大和を得ることができれば、人間のいざこざなどは、自然の雨・雪・風雷などと同じく問題ではない。むしろ人生の情景である。そこで我々の大和的生活法とでもいうべきものをひと通り挙げてみよう。

## 飲食は適正か

第一は極めて通俗なことで、しかもこれが非常にむずかしい。それは飲食の問題である。自分は毎日の飲食を適正にやっておるか。過度や不合理でないかということを吟味する。『中庸』には人、飲食せざる者はないけれども、よく飲食を知っておる者は滅多にないということが書いてある。

なるほど、たしかに飲食せぬ者はない。ほとんど「生きる」ということを、「食う」という言葉で表しておるように、飲食というのは生活の大部分かもしれない。その飲食を我々が適当にやっておるか、誤ってやっていないかということを、本当に明確にしようと思ったら、それこそ生理・病理からして際限なく知識を要する。そんなことはとてもできないが、たえず注意して正しく飲食する。賢く飲食するといってはおかしいが、これは研究するほど限りなく面白い有益な問題で、いちばん悪いのは、暴飲暴食や妄飲妄食することである。日本人はもっと飲食を合理的に、もっと軽くやる必要がある。日本人は栄養を摂るということよりも、むしろ、満腹という言葉が表しているように、腹につめこむという悪習慣がついている。外国を旅行して、たびたび気がついたことであるが、西洋人の飲食は一般に簡単で、日本人はそれに比べると重い。〝大めし食い〟が多い。そうしてまた不合理な飲食が多い。

たとえば、しばしば体験することであるが、自分の可愛い子供が胸を病んでおるのを、母親が看病しながら、栄養を摂りさえすればよいと思って、そのおっかさんは、一日のうち半分寝ている青年に、牛乳を飲まないか、お肉を食べないかというふうに、卵をいくつも食わせたり、パンにバターを塗りたくったり、そういうふうにうまいものを食わせなければならないもんだと思って、食いたがらない子供に一所懸命バターとか、チーズとか、卵とか、牛乳とか、肉などを勧めている。また、青年もはなはだ非科学的であって、なにかそういうものを摂らなくては自分の身体がもたないと思っている。そして、実は自殺を招いておるのである。なしくずしの自殺をフルスピードでやっておる。食物は消化し吸収することが必要なので、胸を、呼吸器を病んでおるというのは、すでに全体が弱っておるし、消化機能も衰えているのだから、それに肉とか、卵とか、バターなどをつめこむことは、まったくとんでもない無理である。なるべく、そういうものは少なくして、もっと消化しやすい、吸収しやすいものを与えなければならない。うまいものを食べるよりも、食欲をつけることを考えなければならない。

我々が本当に飲食しようと思ったら、時々は断食や節食をやる方が、うまいものや、薬を飲むよりよいことである。だから、母親は、そういうものは食べさせぬようにして、食欲をつけることを考えなければならない。そして体に応じて消化しやすい、吸収しやすいものを与えろと説明してみても、なかなか納得しない。場合によっては誤解して、ひがみもするであろう。これは非科学的な不合理なもので、「妄食」といってよい。

牛肉をたらふく食って、酒を飲む――なども、非科学的な、不合理なものである。昔の人の方が、その点かえって合理的で、科学的に食物を摂っている。昔の酒飲みは、必ず酢の物とか、淡泊な、あっさりしたものを摂った。我々の食事は、やはり陰陽の原理で、酒というものは陽性なものだから、酒の肴には陰性のものがよい。酢の物とか、野菜とか、淡泊なものがよい。牛や豚を大食して、酒を飲んでおったら馬鹿になることは間違いない。私の親しい医学者の話に、毎日ビールを飲んで、トンカツを食っていたら、三カ月で馬鹿になるということを理論的に説明しておった。我々は不合理な飲食、馬鹿な飲食を案外やっておるものである。くだらぬ小説や論文を読むよりも、こういうことを研究した方が、よほど人生の役に立つ。

## 毎晩、安眠・熟睡できるか

第二に、毎晩よく眠れるかということである。眠るということがいかに人体に必要な問題であるかはいうまでもないが、とにかく、よく眠ることは非常に大事である。眠りにもいろいろある。まず、安眠と熟睡との両方を要する。

熟睡というのは深く眠ることで、これは、つまり生理の問題である。安眠というのは、より多く心理的問題である。精神状態が平和であると安眠ができる。安眠と熟睡とは、そういう点で違う。精神状態は平和であっても、どこか健康に支障があれば、熟睡はできない。疲労すれば熟睡はできても、精神状態が不安であると、安眠にはならない。囚人が監獄を脱走して、山の中を歩き疲れた時など、熟睡はするが、それは非常に不安眠である。我々はやはり精神生活に伴うて安眠する。それから、疲労の度によって熟睡、あるいは浅睡になる。常に安眠して熟睡することを考えねばならない。

そして熟睡は案外短時間でよい。すでに生理学者が証明しているとおり、眠りは最初のうち、うつらうつらして本当に寝入っておらない。それからしばらく熟睡して、そうして、またうとうとしてくる。これはたいへん気持のよいもので、これを惰眠という。西洋でも東洋でもそうだが、有為有能な人に共通しておることは、〝惰眠〟せぬことである。蔣介石総統が心酔しておる曽国藩という清末の偉人がいる。この人が日記や手紙に、「黎明即起」「醒めて後、霑恋（てんれん）することなかれ」と力説している。霑恋というのは床離れの悪いことである。

確かに我々朝寝坊をするのとしないのとでは、大いに違う。能率が上がるばかりでなく、精神状態も爽快である。それに案外少時間の安眠熟睡を得れば足りるが、精神的に不安を持っておると、どうしても熟睡がしにくくて、眠りが浅くなるから、惰眠の時間が長くなる。そこで毎晩よく眠れるか、安眠・熟睡ができるかどうかということを点検することは大いに意味がある。

アメリカのある大学の心理学研究室で、大学生の生活調査をやった報告を見たが、その中でやはり飲食や睡眠を調べておった。その報告によると、いわゆる惰眠が多い。不安眠が多い。本当に規則正しい生活をして、学問や運動に打ちこんで、安眠・熟睡、黎明即起、醒後寤恋せざる者は寥々たるものである。大学生時分はそれでもすむが、社会人・事業人になると大いに注意しなければならぬ。特に人の子の親となれば、子供に好影響を与える第一はこの健康な早起きである。

## 心身に影響する悪習慣はないか

第三は、自分の心身に影響を与えておるような悪習慣はないかということである。朝起きると、亀の子のように寝床から首を出して、タバコを吸いながら一向に起きないとか、夜遅く晩酌をやりながらくだを巻くとか、麻雀などやって、またしても夜明かしするとか、一度銀座通りのようなところをうろついてこないと本が読めぬとか、案外、人間にはつまらぬ習慣があるものである。そういう悪習慣のあるなしを自ら調べるのである。「人生は習慣の織物である」と、有名なスイスの哲学者詩人であるアミエルが説いている。まったくそのとおりである。

## 適当な運動をしているか

第四は、適当の運動をしておるかどうか。運動というものはその人によらねばならない。その人によって、かなり過激な運動もよいし、場合によっては柔軟運動がよいし、また場合によっては静座・調息あるいは散歩といったようなものがよい。運動というものは、その人に適したものでなければならない。運動そのものがいかによくても、その人に適するとは限らない。いずれにせよ自分自分に適当な運動をすることが大切である。乗物の発達は人間をひどく不健康にする。文字どおり「不足」にするのである。

## 日常、一喜一憂しやすくないか

第五、自分は日常生活上の出来事に一喜一憂しやすくないか。つまり日常の出来事に軽々しく感情を乱されるようなことがありはせぬかということ。生活上の問題に一喜一憂しやすく、特にすぐ悲観したり、興奮しやすいというのは病的で、事を成すに足りない。

こういう人は環境に支配される力が強いのであるから、自己の主体性がないのである。自身の中に豊かな大和的内容がないのである。伝染病にかかりやすい弱体と同じことである。

## 精神的動揺があっても、仕事は平常どおり続け得るか

第六に、たとえそういう精神的動揺があっても、仕事は平常どおり続け得るかどうかということである。そういう感情上の動揺があっても、仕事は平常のごとく続け得られるというのは、それだけバックボーンができておる証拠なのである。理性や意志の統御のきく人である。昨日の失敗のために、今日の仕事が妨げられないでやれるという試練、終始一貫してゆけるか、ちょっとした失敗で、すぐにその仕事がいやになるかという差別の及ぼす結果はたいへんなものである。

## 毎日の仕事に自分を打ちこんでいるか

それには第七、たえず次のようなことを自分で反省し、修養する必要がある。それは毎日の仕事に自分を打ちこんでおるかどうかということである。我々は案外精神が散乱しやすい。ものに打ちこむということはむずかしい。東洋哲学でいうと、〝止〟という言葉がある。これは「とどまる」であるが、実はものに打ちこんで一体になることで、〝止観〟

といえば、ものに打ちこんで、ものと一つになって、ものをその内から観る叡智・直観をいうのである。

ある役人の練達な事務家が、「自分は回ってきた書類を摑むと、だいたいこれは良いか悪いかということがわかる」と言っていたことがある。それは仕事に打ちこんできた経験が、だんだん直観力を発達させたのである。私どもも、たえず思想的な書物を、終始何十年も読んできておるので、そういう本ならば、手に取ってパラパラめくると、この本は良いか悪いかということがわかる。果物屋は、ミカンでも、柿でも、木を見て、良否はもちろん、いくつ生(な)っておるかということをだいたい当てる。それでちぎってみると、五つか六つぐらいしか違わない。機械の熟練技師もそうである。機械をいちいち分解しなくても、機械自身どこが悪いということを訴えるというが、本当にわかるのである。すべてそこまで行けなければいけない。それには仕事に打ちこんでおるかどうかということから始まる。

## 自分は今の仕事に適しているか

第八、自分は仕事にどれだけ有能であるか。自分は仕事に適するか。こういうことをたえず自ら実験してみることである。ところが案外自分は有能である、有能でないという判断が当てにならぬ。しばしばとんだ錯覚や浮気があって、自分の柄にもないものを、いわゆる〝下手のよこ好き〟でいい気になるものである。興味があるということと、能力があるということとは違うのに、よくそれを錯覚する。えてして自分本来の能力を意識しないで、自分の本来の能力でもない、自分にとっては枝葉・横道の方へそれやすい。だから本当に自分はこの仕事に適しておるかどうかということも、案外冷静に克明に吟味しても、容易に断定することのできぬ問題である。まず自分を虚心・無欲にせねば判断できない。

## 現在の仕事を自分の生涯の仕事となし得ているか

第九、現在の仕事は自分の生涯の仕事とするに足りるかどうかということ。もし生涯の仕事とするに足りぬと思われれば、できるだけそれを生涯の仕事にするに足りるよう研究するか、何かそこにまた落ち着いた正しい工夫と努力とを要する。我々の心構えと努力のいかんによっては、どんな小さなことでも、生涯の仕事とするに足りるものである。いかなる小事も深く入ってゆけば、大和の理によって無限に世界が開けるからである。

## 自分の仕事と生活に退屈していないか

第十、仮に自分の仕事がどうしても自分に合わぬ、自分の生活が退屈であるとすれば、自分の満足を何によって得るかという問題。我々が退屈するということは案外いけないことである。我々が働くことによって消費されるエネルギーよりも、退屈することによって消費されるエネルギーの方が大きい。退屈するということは非常に疲れることであり、毒なことであるということが、近年、医学的にもはっきり実験証明されている。だからその意味においても、我々は退屈をしてはいけない。あくまで敏・敏求・敏行でなければならぬ。

曽国藩が「四耐」ということを挙げている。四つの忍耐ということで、第一は冷ややかなることに耐える。人生の冷たいことに耐える。第二は苦しいことに耐える。第三は煩わしいことに耐える。第四は閑に耐える。この閑・退屈に耐えるということがむずかしい。「小人閑居して不善をなす」というのは名言であって、まことに退屈せぬように、もし仕事がどうしても自分に向かぬというときには、どういう仕事なら打ちこめるかを調べる。漫然とテレビを見て寝たり、小説に読みふけってせっかくの時を無駄にするなど、すべてもったいないことである。

## たえず追求すべき明確な問題を持っているか

そこでその次、第十一、とにかく自分が毎日たえず追求する問題を持ち続けるということ、そういう思索や反省と同時に、さしあたり毎日、今日はこれをせねばならぬ。それからあれをやるのだという、たえず追求する明確な問題を持っておるかどうか、もっと直接にいえば、とりあえず今日何をせねばならぬかという仕事を持っておるかどうか。今日はもちろん、明日ぜひ、これをやらなければならぬという仕事を持っておるかどうかということである。

## 人に対して誠実であるか

第十二、自分は人に対して親切であるか、誠実であるか、ちゃらんぽらんではないか――を反省すること。事業人として、社会人として、いちばんその信・不信の分かれるところは、人に対して誠実であるか、ちゃらんぽらんかということである。あいつはちゃらんぽらんだということになると、能力があってもだめである。多少愚鈍であっても、誠実であるということは必ず社会的信用を得る。利口な才子より、鈍くてもまじめな人間が尊い。

## 人間をつくるための学問修養に努めているか

第十三、自分は人格の向上に資するような教養に努めておるかどうか。人間をつくる意味の教養に努力しておるかどうか。我々はいろいろ本を読んだり、趣味を持ったりするけれども、案外人間をつくるという意味での学問修養は、なかなかやれないもので、とにかく義務的な仕事にのみ追われて、気はついていても人格の向上に役立つような修養には努力しない。少し忙しくなってくると、そういうことを心がけることはできにくいもので、地位身分のできる頃に、悲しいかな自分自身は貧弱になる。下に在るあいだはよかったが、上になるほどだめになる、不評になるのは、悲劇であり、恥辱である。

## エキスパートになるための知識技術を修めているか

第十四、特に何か知識技術を修めておるかどうか。つまり何らかのエキスパートになる努力をしておるかどうか。昔から「芸は身を助く」というが、我々は人間としてよくできておると同時に、何か一芸一能を持たなければならない。つまりエキスパートであるということは、我々が社会人としての生命を維持するにも非常に大事な条件である。あの人でなければならぬという、何か一つを持っておることは、非常な強みである。少なくともつぶしの利く人間になる。それだけの素養を持っておる、いや持っておるのみではなくて、いやが上にもそれを磨くことである。

## 信仰・信念・哲学を持っているか

最後の第十五、これは非常に深い問題であるが、自分は何か信仰・信念・哲学を持っておるかどうか。これは人間としていちばんの根本問題である。その人から地位だの、身分だの、報酬だのというものを引いてしまう、あるいは親子だの、妻子だのというものを引いてしまうと、何が残るか。何も残らぬということではいけない。一切を剥奪されても、奪うべからざる永遠なものが何かあるかというとき、答えられる人間にならなければいけない。それは突きつめたところ、何らかの信仰・信念・哲学というものを持っておらねば能（あた）わぬことである。

現代社会は社会学者が多く説いているとおり、恐るべき「病める社会」である。その点で昔よりも人々は危機にあるといって過言ではない。この生活法より自分の日常の仕事、自分の内面生活、社会関係を健全にしてゆけば、自分というものを容易に病ませたり、若朽（じゃっきゅう）させないで、どんどん進歩してゆくことができるであろう。こういう志を持たずに、うかうか活動しておると、容易に現代の社会の複雑な、非常に恐ろしい病的魔力のために侵されて、案外早く自分をだめにしてしまう。これは冷厳な事実である。

# 経世と大和

# 第六章　国家・社会と大和

人間は昔から久しい間、社会とか国家ということについて、無心で過ごしてきた。夫婦・血族が共同生活を営み、親しく相語り、相思い、それがだんだん隣人や朋友の間に広まって、同情や共通の理解が生じ、集団をなして共同生活を形成していった。そこには素朴な一致があった。ドイツの社会学者テニエス（1855～1936）はこれをEintracht（アイントラハト）（一致・融和）と称している。そして、こういうまず肉体的関係・血の結合、言語や行為の共通から、本能的に形成してきた集団を本然社会（ゲマインシャフト）といい、それらが発展するにつれて、本来、別に関係のない他人の間に、なんらかの意思の合致・契約によって、人為的に形成される集団が生ずるようになった。これは構成社会（ゲゼルシャフト）という（F. Tönnies : Gemeinschaft und Gesellschaft. 1922）。

もっともこれにはいろいろな見解もあって、たとえばL・シュタイン（1859～1930）などは、テニエスのように、両者の間に本質的な差別をたてないで、歴史的段階の差にすぎぬものとして、人間がなんら外面的協約も、法律的制裁もなく、純然たる自然的本能によって協同し、相互に保護し、活動する原始的社会組織を本然社会とし、この自然的本能ではもはや成員間の関係が処理できなくなって、そこに道徳、法律、宗教等の律法を発生するような状態に達した共同生活体を構成社会と称している（L. Stein : Die Soziale Frage im Lichte der Philosophie. 1923)。

そのほかいろいろの説があるが、ここに詳解の要はない。問題は国家に関してである。今まであらゆる社会の中で絶対的地位を占め、その中に存在するすべての本然および構成諸社会を統制する最高の本然社会を国家として、ほとんどすべての人々が久しく疑わずにきた。

**さまざまな国家論**

人間の意志には普遍的なものと個別的なものとがある。普遍的意志は個別的意志を通じて作用するが、個別的意志はその分を立てながら、同時にまたそれを通じて普遍的意志に融合する。ここに真の「自由」がある。この自由が倫理を実現する。その倫理的理念の最高の実現が国家である。国家の根底は意志として現実化された理性の力である。理性は人間における神の摂理にほかならない。故に人は国家の理念として、実現したる神を認めねばならぬ。もちろんそれは個々の現実国家をそのまま指して言うのではない。それらの国家の具有すべき本質・理念として言うのである――とヘーゲル（1770～1831）は論じた（G.

W. F. Hegel : Philosophie des Rechts)。

国家を以て一主権者の下に在る個々人の総和と考えるのはいけない。国家の基礎は他律的な力ではなくて、社会成員の共通善 common good を実現しようとする普遍的意志 general will である。この意志が個々人の放縦に対して優越的強制力となり、それが社会的に確立した組織が国家である——とグリーン（1836～1882）は説いた（T. H. Green : Principles of Political Obligations)。

個々人は皆それぞれ意志をもっている。しかしその意志には現実なもの actual will と真実なもの real will とがある。その現実意志は、必ずしも真実意志と一致しない。後者は個々人がいろいろの経験・失敗・試練・反省・思索等によって表れてくる。それは個々人に内在する超個人的・社会的意志である。社会は個人を意志的分子とする統覚的有機体 appercipient organism であって、そのもっとも完全なものが国家である——とボサンケットは解した（B. Bosanquet : Philosophical Theory of State)。そして久しい間これらの考え方が普通であったのである。

しかるに、こういう至上的地位を国家に認めず、国家を以て種族・民族のような一つの本然社会が、その特殊利益の擁護・特殊目的達成のために、便宜上組織する一つの構成社会にすぎない。本然社会はそれが国家に託したある目的範囲の外においては自由でなければならぬという考え方が生じてきた。ロックJ. Locke（1632～1704）などがその先駆であろう（J. Locke : Two Treatises on Civil Government）。

これより先、イギリスでもっとも論理的で、もっとも矛盾的な思想家といわれるホッブスT. Hobbes（1588～1679）は、国家をレヴァイアサンleviathan怪獣にたとえた。彼は、人間というものは、蜂や蟻のように、本来社交性を有するものではない。人間を社会に結合させるものは利害の考量である。自然の状態では人間相互の闘争bellum omnium contra omnesになって、人間の本能である自己保存の目的が達せられないから、この闘争状態を免れて、平和に移るために、各人ひとしく自由勝手というその自然権を放棄して、個人または集団に服従することを約束する。ここに怪獣leviathanたる国家を生じた。この服従は絶対で、反抗の権がない。暴政も無政府よりましだと主張した（T. Hobbes : Leviathan）。

ロックはこれに反して、人間の自然状態はそんな闘争関係ではなく、平和な協同関係であって、相互の善意と理解が行なわれ、各人自由・独立を維持しながら社会をつくっておった。しかるに一部の人間がその無知や邪心から人を侵害することがあるので、これを抑制する必要上、国家という一機関を組織して、これに警察・裁判・刑罰などの仕事を行なう権能を付与したのである。国家は社会から委任された範囲内においてのみ国民の自由を拘束する権能を有するにすぎない。したがって教会などは国家活動の範囲外に置かるべきものであり、家庭・学会・会社なども、国家の任務遂行上、必要やむをえぬ程度においてのみ、国家はこれに干渉することができるものとした。

戦前イギリスの労働問題に関する権威として有名であったコール G. D. H. Cole（1889〜1959）は、国家は被治者の合意の上に成立し、一定の領土と、その中の居住者とよりなる条件的存在であり、その成員全部に共通なある種の問題だけを処理するものである。国家成員に共通な利益というものは消費という一件で、つまり国家は消費者としての国民の利益を保護するものである。生産者としての国民の利益は、その事業の異なるに従って千差万別であって、これを保護することは国家の任務でなく、また不可能なことである。それは国家以外の構成社会即ち労働組合（ギルド）の自衛によらねばならぬ。国家は要するに一つの構成社会にすぎぬものであるから、これを他のあらゆる社会に優越するものと認め、絶対権を賦与する主権という伝統的観念は、根本的に改められねばならぬ――と論じた(G. D. H. Cole : Social Theory)。

いわゆる多元的国家論であるが、この派の学者の諸説いずれも大同小異で、国家の自然性を認めず、かつ倫理性をまったく無視している。それは明らかに国家と政府とを混同しており、ウォード L. F. Ward（1841〜1913）も評しておるように、国家が自然的・進化的産物であることを知らぬか、忘れておるものである。国家を構成社会とすれば、いついかなる成員によって構成されたか。そういう構成に参加しない者がどうして一様に国民となるか。不同意の意思表示のないのは同意と見なすか。それならば、そんな権能をどうして認めることができるか。不同意者に自由があるか。矛盾百出するものである（L. F. Ward : Pure Sociology）。

## 階級国家論

しかしこれらに止まらないで、国家に関してはますます否定的・反抗的な見解が続出してきた。その代表的なものは階級国家論である。この派は、一般国民によって組織される国家というようなものはない。そんなものは一つの幻想であるか、欺瞞的理論にすぎない。国家は事実において権力階級が無権力階級を圧制搾取する手段として設けた機関であり、これを組織する者は一部特権階級であって、無権力階級の与り知らぬこととするものである。

その先鋒はファーガソン A. Ferguson（1723～1816）であろう。彼は、人間はその経済的発展に従い、貧富の懸隔を生じ、富とこれに伴う権力を有する者は、これを確保するために法律を作り、強制施行した。これが国家の起源で、国家の本質は畢竟富強者の利益の保護にある——とした（A. Ferguson : History of Civil Society）。

階級国家論の泰斗となったものは、やはりマルクス K. H. Marx（1818～1883）である。

彼は現在の社会は決して固まった結晶体ではなく、不断の変形過程にある有機体と見て、ヘーゲルから出て、その反対の唯物主義のフォイエルバッハL. Feuerbach（1804～1872）流の結論に達し、唯心主義の説く心より物の発生を信ぜず、物より心の生ずることこそ人間にとって自然の合理的な見方と考え、自然および人類以外の何物の存在をも認めず、人間以上の存在を宗教的空想とし、社会進化の動力を物質的生産力に認め、あらゆる社会生活関係はこの生産力と密接な関係があり、新たな生産力は古い生産方法とともに一切の社会生活関係を変更する。挽臼（ひきうす）が封建社会を、自動製粉機が工業資本家社会を生ずるようなものである。この新生産力の発展と、経済組織とが抵触する時、社会革命を孕む。資本主義社会はその発展上、当然在来の所有権制度と、その内に伸展する物的生産力との衝突をきたし、ブルジョア階級とプロレタリア階級との抗争となり、前者が倒れて、後者の社会となる。社会は階級闘争の歴史である。国家は要するに、この階級闘争過程における支配者・有産者が自己の利益を追求擁護する階級的権力機関である——とした。

エンゲルスもマルクスと相補う説であることは言うまでもない。彼らはこのブルジョア階級の絶滅とともに、ここに階級対立のない無階級社会となり、階級的存在を条件とする国家は死滅する——と宣言した。

レーニンはこれらの説に基づいて、死滅するのは無産階級国家であり、その前に有産階級国家は廃止されねばならぬ。そのために無産階級の武断的強制力の集中的組織を必要とし、これによって有産階級の抵抗が完全に排除されて、はじめて「実際に完全なデモクラシー」、一切の人間が平等に参与し得る政治組織となる――とした。

階級国家論も種々あるが、いずれも歴史と人間の一面を強調して、非常な偏見を固執し、憎悪と復讐心に立つ闘争的思想であることは改めて論ずるまでもない。この思想と信念は現代人が周知しているとおり、凄惨な革命闘争を展開し、その革命政権国家では、戦慄すべき独裁専制組織が打ち立てられ、無階級はおろか、ユーゴスラビアのミロヴァン・ジラス Milovan Djilas のいわゆる「新しい階級」が絶大な権力をふるって「人類史上もっとも恥ずべき頁」というべき支配の記録を作っている（ミロヴァン・ジラス『新しい階級』時事通信社、昭和三十二年版）。

人間はやはり、頼りない天地の中から相頼り相助けて協同生活を営み、相思い相語って文明文化を開いてきた歴史の自然に即して、釈迦や孔子やソクラテスやキリストや、代々の偉大な人々の心をこめた学問・信仰を敬虔に修めて、人類の恥ずべき愚痴・愚行を去り、大和の世界を、それぞれの家庭・職場・国家を通じてつくりあげてゆかねばならない。

# 第七章　政治・経済と大和

## 政治の本義

　人体は無数の細胞からできておるが、その細胞の中には増長するものやら、萎縮するものやら、いろいろ不調和である。これを調節して、全一体として活動できるように統制組織ができておる。その周知のものの一つは内分泌系統である。人間の共同体もこれと同じく、あらゆる人間をそのままにしておくわけにはいかない。それは衝突・混乱・破滅をきたす。そこに必然的に行なわれる調節機能を政治と称する。つまり政治は人間共同体における大和（だいわ）作用にほかならない。

　古代人は集落のような共同体の中にいる子供に類したものであった。子供は母に抱かれている間は、母から区別されないように、人間は集落社会の中に抱かれて無意識的に生活しておった。しかし人間の自覚が発達するとともに、自己を社会から解放して、自由に振るまおうとするようになっていった。そこから文明が生じたのであるが、同時に社会がだんだん群衆化するにつれて、群衆的意識・憎悪・憤怒・恐怖などの動物性も強くなった。それは個々人を捕らえ、その自覚や理性を没却する不思議な力である。一人でおる時は、とてもそんなことができそうにもない人間が、群集の中に混じると、容易に本能的な人間・野蛮人になってしまう。激しい凶暴性を持ち、言葉や現象に動かされやすい。暴風雨のように生滅する世論をつくり、革命的騒擾を起こす。現代はその恐るべき大衆社会を絶大にした。

その上に近代科学技術の極めて偏頗（へんぱ）な発達は、人間を大規模な組織化に駆って、個性・主体性を没却し、生産者以外の何者でもないものにした。有名なゲオルギュ Virgil Gheorghiu の小説『二十五時』にこれを辛辣に描写している。人間はどんな動物でも馴らしてきたが、しばらく前から地球上に動物の新種が現れた。その名は「市民」という。彼らは人間と機械との雑種で、事務所というものの中に住んでいる。これは退化種族であるが、地球上の最強のものである。人間に似ているが、人間ではなく、機械的に活動する。心臓の代わりに一種のクロノメーターを持っている。欲望は野獣のものである。彼らは全世界を侵略している――と。

この恐ろしい、失われゆく人間性を回復することは、どうしてできるか。それは結局個人の中においてよりほかはない。

「内面生活という個的な、隠れた、他人と容易に分かちあうことのできない非大衆的なもの、これこそあらゆる独創性の源泉であり、あらゆる偉大な行動の出発点である。こればかりが個人をして群衆の間に自己の人格を失わず、現代都市の乱雑と騒擾との中で、精神の自由と神経系統の平衡を確保させる。

現代社会をよく革新するためには、一般俗人と見解や生活態度を異にした有志者のグループをつくる必要がある。そうした人々の数は必ずしも多きを要しない。人類の歴史にはしばしばある理想に到達するために、男子や時には女子も加えた同志団体が、一般の俗衆とはなはだ異なった規律を設けて努力した時代があった。実は我々の文明が発達したのは、この種のグループのおかげなのである」

とA・カレルも力説している（A. Carrel : Man, the Unknown. 邦訳『人間　この未知なるもの』）。

たしかに人間には、別段自分というものを考えてもみず、ありきたりの自分というものから脱け出て、自分を高めようという衝動も感ぜず、したがって自分に多くの問題・試練を課するようなことをしないで、その日その日の生活を、とりとめもなく過ごしてゆくことに満足している人々と、反対に、あるがままの自分に満足できないで、たとえ自分にそれだけの力がなくても、それならばなおさらのこと自分を優れたものに鍛えあげようとして、自分自身に多くの要求を課し、あえて自ら困難な問題に当たり、義務を負おうとする二種類がある。前者を大衆といえば、後者はエリートélite である。

真のエリートたちはいつの時代でも、その当時流行した一般の風潮や思想言論などに容易に同調せず、安易な解決案に賛成しないで、慎重に、力強く、自ら信ずる道を選んで進んでいった人々である。

現代は大衆の時代と称されるほど、大衆の力が強く社会を動かしている。この大衆の研究で名高いスペインのホセ・オルテガ・イ・ガセトJose Ortega Y Gasset（1883～1955哲学者・文明評論家）は冷静に報じている。

「今日大衆の勝利がもっとも高度に達している諸国家を吟味してみると、驚くべきことに、その国の人々は政治的にはただその日暮らしをしていることが明らかになる。この政治の中では、未来はまったく予知されておらない。こういう政治はその後の発展を想像しうるような、一つの始まりとして現れているのではない。それは生活方針なしに生きているのである。現在の切迫によって強いられておるのであって、未来の計画によって動かされておるのではない。より大いなる困難を来るべき将来に背負わせる結果になることもかまわず、危険に向かって暴走することさえあえてする。

大衆が社会的権力を直接行使する場合には、権力は古来いつでもこのような性質を帯びてきた。そもそも大衆は目標なく生き、風のまにまに動く人間であるからだ」（邦訳・佐野利勝『大衆の叛逆』）

現代においても、この大衆社会をこのまま放置するとすれば、次第に収拾することのできない紛乱と破滅に陥ることは、もはや疑う余地がない。ここにエリートの意義と使命とを新たに痛感させるものがある。しかるに大衆社会では、流行するもののように考えない人間、流行する型でない人間を、代表的・指導的地位から締め出してしまう傾向がある。それに乗じて、正しい者・非凡な者・個性的に優れた特質のある者などを嫉（ねた）んだり、忌み憚（はばか）って、これらを排除して己れの野望を遂げようとする野心家・煽動家が大衆の指導権を握ろうとする。

真の指導者は必ず謙虚で、私が無く、自己の利害・欲望によって汚されない良心から起つべきものであって、社会の善のために、また人類の幸福と進歩とのために指導し、私心を満たすためにするのではない。賢明な指導者はまた必ず自分ばかりでなく、他のエリートをひとしく指導者たらしめようと努力する。彼は何よりもまず自分自身の指導者——模範となるよう心がける。

マックス・シェーラー Max Scheler（1874～1928）はこの点について、模範者（フォールビルダー）Vörbilder と指揮者（フューラー）Führer とを峻別している。真のエリートは根本的に模範者でなければならない

(Max Scheler : Vörbilder und Führer　邦訳・樺俊雄『指導者論』育英出版社刊。アメリカの心理学者、オーヴァーストリート H. A. Overstreet : The Mature Mind も現代人の精神的未熟を説いて親切である〈邦訳・内山敏『人生の見方・考え方』創芸社刊〉。すべて東洋聖賢の学はこの点においても深厚極まりない宝典に富んでいる)。

このエリートをいかに組織して、これによって、いかに過ちなく大衆を調整し、先輩・祖宗の国家的・民族的遺業を失墜せず、将来の破滅を招かぬよう、あらゆる意味における大和を達成してゆこうとするのが政治というものである。

政治担当者がこの意義と使命を忘れ、職責を怠り、私利私欲に走り、時代の要請に応じ得なくなって、その上自己の堕落に対する周囲の攻撃より自己を防衛する力もなくなると、政変や革命が発生する。政治はエリートであるべき為政者相互と、国民大衆との間にいかなる和・不和があるかによって、その価値と運命を決するものである (James Burnham : The Machiavelians は現実に即して示唆に富む好著であるが、邦訳がない。別著・長崎惣之助訳『経営者革命』がある)。

## 経済の本義

今日は経済時代・経済至上時代などといわれる。経済は生活と同義語に用いられ、経済があって初めて自由も、幸福も、家庭も、国家もあり得るもののように解されている。この考えは決して新しいものではない。東洋でも古代から、「衣食足れば栄辱を知り、倉廩実つれば礼節を知る」（『管子』牧民）ということが共鳴されてきた。しかしこの考えに理論的根拠を与えたもっとも周知の者は、やはりマルクス説であろう。

　マルクス・エンゲルスによって作りあげられた理論によれば、歴史的発展の根本には生産的物質力がある。社会生活とは、人間が生きんがために自然に対して試みる集団闘争にほかならない。人間はその存在のために必須の食物・衣服・住居等を得るのにあらゆる努力をする。それが経済というものであって、それは人間社会の基盤であり、人間社会は、これなしには存立できない。この経済的存在が、一切の道徳的・哲学的・宗教的・芸術的意識を規定する。根本的な、真実の生活は経済、即ち生産的労働である。その他のものは経済的基礎の上に立つ上部構造にすぎない。人間が精神といい、精神的生活というものは、人間の弱さ、生産力発展の不全、経済的圧迫によってつくり出された幻影だというのである。

　こういう考え方によって、精神や道徳は経済あってのもの、やがて経済なければ、精神も道徳もあったものではないという風が強くなっていった。人間が自然経済から貨幣経済に、個人経済から社会経済に進展し、文明が人間生活を複雑豊富にし、宗教・道徳と学問・知識が分裂するにしたがって、この傾向はますますはなはだしくなり、資本主義の勃興はたしかに人間社会に非常な罪をつくった。その根本問題は社会的事象より、もっと深い内面的情理にある。

資本主義はあらゆる価値の標準を利己的・享楽的な金融的成功においた。そのために、富者より、むしろ貧者に物質主義を育てた。資本家階級の考えること、なすことは、できるならば自分らもやりたい、少なくとも心ひそかに、真似たい生活として貧者から羨望された。かくて労働者の思想もほとんどまったく物質的になった。彼らはより正当な利潤の分配を強請しだしたが、それはよりよい生活のためではなく、より享楽的な生活のためであった。それに労働階級のもっとも不幸な分子の絶望的貧困は、実は決して不可能ではないが、まず以ておよそ精神的な事がらの意味や価値を信ずることをしごく困難にした。そこで資本主義の実際の結果は、社会の全階級に単なる経済的・物質的生活を貴(たっと)ぶことにしたことである。それがだんだん悪質の無秩序と革命とを養成したということができる（エルウッド C. A. Ellwood〈1873～1946 アメリカの社会学者〉: Sociology and Modern Social Problems. などがその先覚である。経済専門家はこういう着眼を忘れてはならない）。

この唯物主義・経済至上主義の生き方に理論の武器を与えたものは唯物史観である。これによって、多少とも近代的知識を身につけたつもりの人々は、歴史の過程は人間の物質的・利己的動機に支配されて進んできたものと解釈し、人世一切の出来事を個々人の経済関係に帰して、飯が食えぬから、こんなことをしたのだ、食うに困らぬから、あんなことができるのだというふうに割り切って説明し、歴史上の重大問題も、その決定的な原因を、その時、その所における経済状態に帰そうとする傾向を強くした。とんでもない偏見である。

歴史を通観してくると、算盤勘定では絶対に解釈できない犠牲的精神によって遂行され、それが大きく歴史の進行に影響した問題が枚挙にいとまがない。各人の生涯にも同様のことが少なくない。楠木正成（まさしげ）が眇（びょう）たる河内の孤城に拠って、天下の大軍を相手に力戦したことは、正成の経済事情に因るなどとはいかなる偏見でもあえて言えまい。関ヶ原の戦いにおける徳川方勝利の決定的要因を、当時の経済状態に帰することなど、どうしてもできることではない。

本来唯物史観は歴史の変遷原理を説明するものであるが、その歴史は事件の系列を指すのではない。もっと根本的な社会秩序の変化（たとえば公卿と武士、武士と町人など）を意味する。即ちそれは個々の出来事を説くものではなくて、全体的な流れに関することである。そしてその社会秩序の変化を、経済関係に立場を置いて、そこから観察するにすぎない。いかなる社会的変化は、いかなる経済的変化に伴うて起こるかということであって、いかなる社会的変化は、いかなる経済的変化より起こるかということではない。これを誤って、人間百事、経済関係によって決するなどと考えたならば、それこそ人間の自由も、意義も、価値も、権威も、何もないことになって、人間は単なる機械と化するばかりである。しかるにこういうとんでもない唯物史観に捕らわれた知識人が多くて、多くの人々を誤り、世を毒しているのである。

　人間の経済は決して利己的・享楽的なものではない。そんなものは達磨大師が、梁の武帝を諭して、「功徳などというものは、影の形に随うようなもので、有といえども実ではない」といったのと同じく、利己とか享楽などは、有ることは有るが、真実ではない。経済という実体に伴う影にすぎない。農業は各人が食うために、金を儲けるために営むのではない。自然の土を培養して、作物を養成するのである。自然と人間との合作・大和である。漁業も魚を獲ることではない、魚を養うことである。沿岸に小魚が集まるようにすれば、大魚は自ら小魚を追うて近海に集まる。それには沿岸水産業を盛んにせねばならぬ。それをもう一つ徹底的に考えれば、そもそも治山治水をよく行なわねばならぬ。治山治水から怠って、利己的・傍若無人的な事業を濫行するために、日本の沿岸には魚や貝の類が減少し、ついに遠洋漁業に赴かねばならなくなり、太平洋を荒し、インド洋で足らず、イタリアまで刺戟するに至っているのである。

経済と道徳と両立せぬもののように思うのは、もはや笑うべき愚見である。いかなる物質的生活問題も、優れた精神、美しい感情、頼もしい信用に待たねば真の幸福とならない。技術の発達に伴う経済的国際化が、各国民の差別をなくすように思うのも浅見である。それは国民の特質をなくすことではなく、国際的進歩に和して、いかにますますその国民の特質を発揮するかが要請せられている。機械的・物質的経済を以て国民の将来を決定するなどと考えてはならない。国民の将来を決定する真の力は、常にその国民の精神的・人格的努力である。

# 第八章　宗教・教育と大和

## 宗教の要諦

科学が盛んになるにつれて、科学者や科学に共鳴する人々の思慮や研究の浅かったこと、宗教の方でも同様で、この両者の間に和がなかった、というよりも、相争うことがひどかった。しかし近来ようやく相互の進歩で、両者の間も大和するようになってきた。さすがに両者とも深くなったお蔭である。現代の科学はあらゆる方面から宇宙・人間・物質の究極を闡明(せんめい)することに偉大な進歩を遂げた結果、旧来の物質主義・機械主義の蒙を啓(ひら)いて、新たな宗教的原理に到達して、世界の神秘な大和の関係を次第に実証し始めている。宗教も従来の人為的な宗教・通俗的な宗教、それがどんなに人気や利益があっても、そんなものを宗教というのではなく、一切の功利的・政治的関心を解脱して、自己内面の真我に徹し、宇宙に遍満する大生命を体得して、一切万物を貴い生の中に摂取し、共生してゆこうとする真宗教への努力が、次第に科学と相俟つようになったのである。マルキシズムから次第に哲学・神学に徹していったベルジャエフ Nicolas Berdyaev（1874～1948）はその『新しい中世』で、世界は新しい中世に移動している。もちろんそれは、古い中世・封建時代に逆もどりしているということではない。近世史における個人主義を脱して、人間が宗教的原則の下に、総員を大和するように努力する社会状態に進むことを意味すると説いている。

西紀前一五〇〇～一六〇〇年頃よりインドのパンジャーブ地方に入ったアーリア人は、だんだんガンジス川流域に発展し、先住民族との間に苛烈な戦いを重ねて征服した結果、インド社会に四種の深刻な階級差別をつくった。①婆羅門（バラモン）Brahman　②刹帝利（クシャトリヤ）Kshatria　③毘舎（バイシャ）Vaisha　④首陀羅（スードラ）Sudra。そのほかにまたスードラよりも賤しまれた旃陀羅（センダラ）Chandala があった。その後、勢力がさらに西北より東南地方に移り、長者・居士らの実業家・刹帝利等の台頭に伴い、社会的・思想的に、この状態を打破しようとする革新的要望が生じてきた。

バラモンは古くからの四階級の最勝者である。彼らは自然崇拝の多神教であった吠陀（ヴェダ）思想（インド最古の宗教思想）より進んで至上神を認め、これを大梵天とし、大梵天は勝者なり、不敗者なり、全智者なり、支配者なり、自在なり、計画者なり、最勝者なり、分配者なり、過去未来の聖父なり、一切衆生はこれに依って作られたりとし（『長阿含経』巻十四「梵動経」）、その口より作られたものがバラモン種であると信じ、死んで梵天世界に生まれることを理想とした。彼らはその後この至上神崇拝から次第に思索を深め、宇宙創造の原理ブラーマン Brahman（梵）を立て、さらに形而上学的にアートマン Atman（我）を考えるようになった。思想はこういうふうに深遠な発達を示したが、大衆社会の矛盾は少しも改善されなかった。

このバラモンが次第に活力を失うにつれて、その中から新教団が続出し、民族的宗教にとどまっていたのがようやく個性的自覚を高め、個人の人格を通じて宗教の真生命を体得しようとする傾向が強くなったが、それと同時にいろいろな自由思想も発生して、懐疑論・自然放任論・唯物的享楽主義・極端な禁欲主義などが流行し、内面的にも社会的にも混乱していった。そこに釈迦が生まれたのである。

彼はこの世界と人間・自我に徹底した懐疑と苦悩を抱いて、妻子も、財産も、王位も一切を棄てて、不惜身命の修行思索の結果、大悟徹底して、衆生の救済に献身し、階級社会に対しても、四河、海に入って復た本名なきがごとく、四姓、出家すれば、同じく釈氏と称してなんらの差別もないことを力説し、階級制度に悩む人間に救済の道を開いた。釈迦は安易に「梵」や「神」のような超越的なものを立てて思惟したものでなく、通俗な福音や、実践道徳訓を説いたのでもなく、あくまでも、在るがままの世界・如実の世界である「法」に即して、その世界の依って立つ原理――法性を究め、人の世に帰依し尊重すべきものを持たぬ禍を痛感して、人にその依処・光明を与えるために法を説いた。釈迦の偉大な所以は分析・批判などの及ばぬ渾然たる大人格、炎々たる自覚・覚他の大精神にある。

キリストが生まれたユダヤも、当時まったく社会的・精神的に不和と苦悩の中に喘いでいた。民族の神エホバ Jehova, Jahveh は超越的にすぎて、民族と内的ななんの関連もなく、国民はローマの虐政に苦しみ、頽廃しきっていた。ユダヤ教徒は、いたずらに形式的祭祀に堕して、固陋卑俗なサドカイ族 Sadducees や、律法に拘泥して生気のないパリサイの徒 Pharisees、現実を避けて、修道院に気息奄々として禁欲・瞑想を事としているエッセネ派 Essenes のようなもので、外で救世主 Messiah を求める悲願が強かった。かかる折柄、ヨルダン川のほとり、ユダヤの野にヨハネ Johannes が現れて、「神の審判が近づいている。悔い改めて善を行なえ。新生活に入る証として洗礼を受けよ。我より大いなる者必ず次に来るべき」ことを熱烈に説教した。彼に接して若きキリストは霊感を覚え、ヨハネの洗礼を受けて、まもなくヨハネが捕らえられると、ガリラヤに説教者として奮起したのである。

彼は在来のユダヤ教徒のように、神を畏るべき支配者として超越的に考えることをせず、内面的にこれを信仰し、神を世界のすべての人々の父とし、神の本質が人類に対する無限の愛にあることを感得した。人は本来、神の子であるが、自己の罪悪によって神に背いているのである。それを悔い改めるならば、神は、この子死せしが復活き、失せしが復た得られたりと喜び迎える。是の如く悔い改める一人の罪人のためには、その必要のない九十九人の正しい者にもまさって天に歓喜がある。神なる父の御旨に適う者はすべて神の国に入ることができる。したがって驕慢な祭司や長者よりも、遊女の方が先だって、天国に入ることができるのである。神を父として信頼し、悔い改めて福音を信ぜよ。神の国の市民として、神意にしたがう正義の生活をする時、神は愛と恵みとを以て、これを「義なる者」とする。彼は自らこの憐れな人々のために、神より遣わされた「神の子」であることを信じ、「学者らのごとくならず、権威ある者のごとく」教えた。これは民衆の感動と同時に、驕れる人々のひどい怒り憎しみを招き、二年ほどの後（三十年頃）磔殺の刑に処せられた。彼の骸は亡んだが、しかし彼の教えは、彼キリスト（Christ は messiah のギリシャ語化したもの）は、今に不滅である。

神道であれ、何教であれ、およそ宗教の真諦は一つである。その純な尊い宗教的精神を求めぬかぎり、人類はとうてい救われることができない。驚嘆すべき発明・発見がもたらす機械・技術はだんだん世界を統一するであろう。それによって人間はあらゆる欲望を満たす享楽は得られるであろう。そのために働き疲れ、病み苦しみ、憎み呪い、怒り争うことはやまないであろう。恐るべき愚挙が人間の世界を破壊してしまうかもしれない。ここにおいて人間いちばんの根本要務は教育である。

## 教育の本義

教育に熱心なある母親が、幼児を抱いて尊敬する小児科医を訪ね、子供の教育法を尋ねたら、その医師は「お子さんはおいくつですか」と問うた。「二歳です」と答えると、「今からではもう遅いですね」と言ったという好話がある。笑話ではない。あまりに深刻な話である。

オランダの解剖学者ボルクL. Bolkが一九二六年に初めて、人間は成長した類人猿より、むしろ類人猿の胎児に似ていることに注意してから、胎児の持つ意義が学問的にいろいろ研究されだしている。人間の子孫を考える時、その親がいかなる成功・発達したかより、いかなる胎児を持ったかということの方が神秘な問題であることを、やがていろいろの学問が解明してゆくであろう。今はまだネオテニーNeotenyという生物学的研究以上に出ていない。

パラグアイのガヤキール族というのは非常に未開な種族であるが、探険家たちがある日ガヤキール人が立ち去ったあとのキャンプに二歳にもならないような小娘を見つけて、ある土俗学者がその小娘を連れ帰り、自分の母親に託して養育してみた。その結果、この小娘は優れた文化的環境で教育されて、立派な近代的婦人となり、数カ国語を話し、程度の高い民族学の研究をしている。

これに反する恐ろしい話がある。インドの森の中で一人の猟師が二人の女の子を見つけた。早くから親に棄てられ、不思議に狼に育てられたものであった。一人は七～八歳、もう一人はずっと小さかった。二人とも真の獣のように振るまい、もちろん話などできるきざしもなく、夜になると吠え、水を飲む代わりに嘗め、四つん這いで歩いた。小さい方は早く亡くなり、年上の方は十年ほど養育を受けたが、いくらか進歩して、どうにか立って歩き、四十八語の貧弱な言葉を使うようになったが、完全に人間化されるに至らずして十七で亡くなった（ジャン・ロスタン、邦訳『人間の運命』）。

人間は成長後より、幼少年期ほど大切なのである。十代少年の非行犯罪も、五～六歳頃すでに十分その予兆があることは専門家が立証している。

人間の要素を大別すると、性格と能力と行儀（躾・慣習）の三つである。

性格には感情的要素が重く作用する。子供は四～五歳頃から道徳的感情が発達する。その頃から嘘をつくことを知る。七歳になれば、だいたい性格の型がきまる。だからそれまでに性格教育をしておかねばならない。明朗・清潔・正直・同情・勇気・義侠・反省・忍耐というような徳性、これが人間の本質である。

能力のうち、もっとも大切なものは知能であるが、徳性に比べると、これは枝葉のものである。人間の脳細胞は身体の他の部分とちがって、生まれた時すでに生涯に必要な全量を具備している。そして脳髄は三歳にして大人の八〇パーセント程度に発達する。理解力・判断力・推理力・記憶力・想像力・注意力など、早くから発達して、修練せねば早く衰退する。記憶力は七歳で十分働き、十三〜十四歳まで著しく、それからだんだん弱くなる。注意力も十歳頃完全になる。十六〜十七歳ですべて成熟し、後は経験と陶冶が加わるだけである。満十五歳を以て元服とし、一己の人物として世に立たせた古礼は実に当を得ておるということができる。技能の点も同様である。勝れた技術は幼少の時から仕込まねばだめである。

習慣は第二の天性といわれ、人生は習慣の織物といわれている。躾の意義はこの良い習慣を養うことである。幼児ほど環境に敏感である。幼児は麻疹よりも、恐れや怒り、憎しみや冷淡に感じやすい。自分が好かれているか、嫌われているかということに、食物と同様に反応する。一家の感情の中で、自分の占めている立場をよく覚る。親の精神状態・生活状態はすぐに子供に反映するのである。特に親の怒りは子供に大きな衝撃を与える。それが子供自身に向けられたものでなくても同様である。怒りばかりではない。感情の異常な表現は、これに接した子供に強い刻印を残す。これがその子に後来原因不明のいろいろな病気を発生したり、さまざまな行為に赴かせるのである。

だから家庭教育は大切である。しかし人情の常として、なかなかこれはむずかしい。その上、物心がついてくると、特に父子の間が問題である。父子の間は善を責めない。善を責めると子が離れる。父子の間が離れることほどいけないものはないと孟子も説いている。そこで学校に入れて教師につけるのである。

学校教育のうち、小・中学は生徒の人格形成期である。この際は道徳教育を本体として、これに基礎的な知識・技術を習得させねばならない。そして教師の人格・性行が生徒に対する垂範になるのである。現在の制度では高等学校もこの部に入る。愚かな親が子に及ぼす悪影響もさることながら、これはまだ愛情に結ばれた融和がある。愚かな教師の生徒に与える悪影響に至っては、深刻な罪悪といわねばならない。

教育に間に合わせ主義の、あまり実用的・功利的・職業的見解も有害である。人間はいかに物質が必要としても、人はただ衣食ばかりに生きているものではない。もっと理性的・精神的存在である。物質や生活に捉われすぎると、かえってそういうものを開発する能力を窒息させる。人間性の基本的法則は無制限の享楽ということより、適正という要請である。人間の進歩は基本的理念の体認によってのみ全(まっと)うされる。人間十七、十八歳までは、あまり世俗的・功利的・単なる知識技術教育に偏せずに、豊かな人格教育を主眼にせねばならぬ。それがその後の専門的知識・技術教育を効果あらしめる肥沃な素地になるのである。

教育の目的は、第一義的に、基本的に、我々の生活水準を構成する食物・衣服・住宅および必需品の生産に効果的に貢献できるような知識と技術を青年に得させるにある。芸術・言語・哲学・歴史、その他の知識も社会にとって重要であるとは言えるが、やはりこれらの領域は、少なくとも現在では、物質的必需品・奢侈品の生産に比較すれば、第二義的である。なぜならば、社会は今、豊かな物質なくしては幸福になり得ないということを実証している（アメリカ、トンプソン会社の人事課長S・R・リヴィングストンの教育綱領。R・M・ハッチンスの『偉大なる会話』邦訳四四頁）——というような考えでやる教育は学校でやるべきではない。各会社で、その社員のためにやることはよい。

同時に、またより以上、政治的・思想的偏見から、教師が生徒に一派の社会観や革命思想を鼓吹するようなことは、もっとも教育の本義を破ることである。あらゆる独創性の根源、偉大な行動の出発点は、常に内面生活という隠れた、容易に他人とは通じにくい個性的なもので、時代を変化し、革新するものも、一般大衆と見解や生活態度を異にした特殊の有志者に依るものである。教育の本義は目先の功利的なものや、一部の偏狭・独断的なものであってはならない。いつどんな所においても必ず人から尊重せられ、どんな仕事にも謙虚にかつ敏活に習熟できるような心がけの人物を養成することが教育の本旨である。

# 東西文化と陰陽相対性原理

# 第九章　東西文化と大和

今日の世界情勢を深く検討する人々が、よく西洋文化の行きづまりを論じ、それを救うものとして、東洋文化の原理を説き、東西文化の比較論評が行なわれる。当然のことではあるが、男女の特質や優劣を論ずるのと同じことで、浅薄・軽率にやるべきことではない。もし同を求めれば、要するに東も西も人間文化で、別に大して変わりはない。しかし異を求めれば、東は東、西は西、それぞれ特徴を異にするが、柳は緑、花は紅で、天地の春光はうららかである。

## 相対性理法

先に自然を完全なるもの the complete whole として観たが、それを言い換えれば、宇宙人生は一者（絶対者）の限りなき分化発展ということができる。単細胞から高等な生物に、直接経験から複雑な認識世界を開くように、そしてそれは明らかに相対的原理ともいうべきものによって成立活動している。その相対的原理、即ち宇宙人生の成立活動する所以のものは、どういうものであるか。一つは無限に自己を分化し、形を執って自己を現じてゆこうとする、いわば造化の代表的形式の働きである。我々の細胞の分裂ということから考えると、一つの細胞が自己を分化し、こういう肉体を形成してゆく。これを陽の原理ということができる。しかしこの働きばかりでは、要するに四分五裂になってしまうのであって、実はこういう体を成すことができない。したがって造化に陽の働き、即ち発現分化の働きがあると、必ずこれに即してその分化をそのままに統一し、形を執って自己を現ずるに対して、形なきに自ら統一含蓄しようとする、いわば全体性および永遠性を司る働きがある。これが相俟ち相応じてここに我々の肉体的生活、即ち生理が存するのである。この働きを先の陽の原理に対して言えば、陰の原理である。実在は陰陽相対的原理によって成立活動している。

実在が分化発現を本領とする陽の原理、これに即する統一含蓄を本領とする陰の原理、この陰陽相対的原理からできているということを実例によって考えよう。我々の知の働きを吟味してみると、それは混沌たる一実在から、内外の世界を剖いて、複雑にしてゆく働きである。子供はごく幼い時は、自分と他人との区別もない。主観客観の対立もない。ただ混沌たる一実在にすぎない。であるから火でも摑み、縁側から落ちもするが、そのうちに自分というものと他物との差別、いろいろな外界を発見してゆく。さらに知的発達をしてゆくと、やがて複雑な内外の世界に関する学問知識を生ずる。即ち理知あるによって我々は初めて内外両様の世界というものを発見し、したがってこの生活を無限に複雑に展開してゆくことができるのである。

しかるに、もし理知の働きに偏すると、これは分化が本領であるから、自然四分五裂になって、結局まとまりのつかぬ乱雑なことになってしまう。現に主知主義に傾くと、人間がいたずらに外面に走り、個人主義的・利己主義的・物質的・機械的になって、そういう人々によって構成せられる社会も文化も、非常に羅列的な雑駁なものになってしまう。日本人は明治以来長い間主知的生活をしてきたので、今日のいろいろな原因による社会的混乱に先だって、はやくから学問・教育・政治・経済等、雑駁皮相を極めた。大正時代オーストリアのある婦人記者が日本にきて、日本の観光記を書いておるが、その表題に「雑駁の国・日本」Japan das Land des Nebeneinanders とした。まことに「雑然たる羅列の国日本」であった。知に傾く結果は、当然そうなるべき性質のものである。学校の学課を考えても、たいそうな学課の不統一な羅列である。

この知に対して感情というもの、これはかく分かたれるものを結んで、活かせる作用である。親子・兄弟・夫婦・朋友・隣人というふうに、だんだん陽の原理によって分かたれたものを、愛という感情は内面的に統一して、美しい人生という創造を促すのである。しかしまた情に溺れ、愛に流れると個人個人の明確な自覚努力というものを欠き、造化の根本的形式である発展ということを阻害する。そしていたずらに保守退嬰、活力のないものになる。この知と情とが兼ね備わって溌溂として生きる、これ即ち活人である。

## 西郷南洲と井伊直弼

もう一例、人には欲心というものがある。これが陽のよい例である。あるいは金を儲けようとか、あるいは地位を得ようとか、いろいろ事業をしようとか、精神的な問題にしても、いろいろ志望をもつ。それはまさしく陽の働きである。そうすると必ず陰の原理たる内省心・隠逸心というようなものがあって、これが先の功名心を笑って、そうした金が何だ、位が何だ、権力が何だ、事業が何だ、こういうことは人間を卑しくし、世の中を乱すにすぎぬではないか。むしろ自分は自己の純潔天真を守って、美しい静かな仁の生活、神のごとく無我な愛の生活を持して(じ)ゆこうという心になってゆく。

この陰陽相対の功名心と退蔵心とがうまく調和して、しかも大きく我々に抱懐されればされるほど、その人は大なる人物になってゆく。もし功名心のみならば、人と人、国と国とに競争、したがって陰謀・詐欺・排擠(はいせい)ということが起こらざるを得ない。その結果は無秩序と破壊に陥ってくる。さりとてあまり陰のみに流れると人世が少しも発展しない。古来英雄とか偉人とかいわれる人を見ると、この二つの一見矛盾するがごとき二者を、小人俗人のとうてい理解できぬ程度に持っていることがわかる。

　西郷南洲という人、表面から見ると、非常な功名の士、即ち陽性の人に見えるけれども、実はまことにゆかしい情操を持った人であって、ああいう革命的な活動とともに、その半面において深刻に隠遁的な志を抱いて悩んでおった人である。その前の幕末では、井伊直弼（いいなおすけ）という人がやはりそうであった。ちょっとこれも表面から窺うと、いかにも残酷な鉄血政治家という趣があるけれども、ひとたび深く立ち入って観察すると、茶を嗜み、和歌を詠じ、禅に参じ、道を好む、非常に優しく、ゆかしい内面的な人格であった。それが自然に言うに言えない魅力ある風格となって今日多くの心ある人々を惹きつけている所以である。普通の人間はつまり一見矛盾するがごとき二つの魂を統一して、大きく抱懐することができない。そのいずれかに軽々しく偏して、意気地のない、あるいは杜撰（ずさん）な生活をしているものである。

### 才と徳

　我々にまた才というものと徳というものと、何人（なんぴと）もよく口にする二つの要素がある。才とは何を、徳とは何をいうか。その才と徳という二つの言葉がやはり陰陽相対的原理を表している。

　才とは畢竟（ひっきょう）するに、我々に存するところの陽の原理、人格の陽的機能である。これは我々人間を社会的に発揚する、即ち分化発展せしめる上に役立つ諸種の能力、あるいは語学ができるとか、事務が執れるとか、辞令に巧みであるというような、諸々の働きを指していうのである。これらの働きをして本当に伸ばしてやる、即ち才を才たらしめるところの、神秘な生成化育の働きを徳という。したがって徳というものは、才と違って、我々にはっきりしておらぬのである。即ち我々の衷に存して、外面的な感覚から言えば、ある漠然たる、しかしこれなくしては一切の活動が成り立たないところのあるものを徳というのである。

才がないと、我々の世の中は発展しない。その実、才に過ぎると、世の中は破綻する。徳に傾けば世の中は平和であり、敦厚であるけれども、これはまた功利的に伸びないということになりやすい。この才と徳という二つの要素は、昔から深く経世的眼光を持った者が、人間を論ずるについて常に意を用いた問題である。

西郷南洲もそういう才と徳という二つの方面から人物を観測しておったようである。これは元来東洋の道徳政治の学問上、たえず論じられてきた問題であって、そのもっとも名高い論拠になるものは例の司馬温公（司馬光）の『資治通鑑』である。司馬温公という人はシナ四千年史上類い稀な哲人宰相として名高い人であるが、この人が時の皇帝のために、政治の資にする各代を通ずる鑑として、実際に剴切な政治哲学書として、シナ歴代の史実に厳正なる道徳的批判を加えて、ほとんど一代の精力心血を傾け尽くしてこしらえた名著である。

この通鑑の始めに人物を論じて、才と徳との見地から、人間の本質的分類を試みておる。才と徳という人間の大切な要素、これが完全な調和をもって大きな発達をしておるものは聖人である。これは望んで容易に得られることではない。これがまた反対に貧弱なのは愚人であって、これは一向論ずるに足らぬ。とかく人は中庸を得ずして過不及を免れない。

およそ才が徳に勝った型のものはこれを小人といい、これに反して、徳が才に勝(すぐ)れた型のものは、これを君子という。即ち人間を君子型と小人型との二つに分類しておる。たとえいかに大きな人物であっても、どちらかといえば、才が勝つものは等しく小人、たとえいかに小人物でも、どちらかといえば徳が勝つものは君子、したがって小人にも君子にも多種多様あって、いちがいに小人であるといって卑しむこともできぬ。君子であるとて、たいして尊ぶに足らぬものもある。司馬光は、ただいかに偉大であっても、小人は小人、いかに小さくても、君子は君子であって、小人は偉大であればあるほど、才が徳に勝(まさ)っている以上、どうもその才のために利己的排他的になるから危険であるといって、絶対的に君子というものを採って、小人を排し、小人よりむしろ才なき愚人を採った人である。

藤田東湖(とうこ)、西郷南洲、さかのぼっては熊沢蕃山(くまざわばんざん)などがこの点についていろいろ論議している。方正学（明代初期の碩学、名は孝孺）などは愚人大賛成者であるが、蕃山や東湖は道徳的にはそれもまことに結構であるが、政治というものになってくれば、趣を異にする。政治は複雑な才能を要するから、いちがいに小人を排斥するわけにゆかぬ。しかし小人はあくまでも小人であって、利己的であるから、創造的職責を持たせる長者の地位、総統的地位、すべてそういう大事なところには小人は据えられぬものである。即ち小人は要するに使用人であって、使用者的価値はないものとしておる。この才と徳という二つの要素から人間を見ることも、陰陽の原理の好例である。

もっともわかりよい例を採るなら男女である。男は人間における陽原理の明瞭な代表であり、女子は陰原理の代表である。煩瑣な理論よりもなによりも、直覚が何が男らしいか、何が女らしいかということを教える。同じ人間であるから、同じ方を見てゆけば変わりはないけれども、一度そういう本分の相違という点から見ると、我々は筋骨逞しく、頭脳明晰で、どこか覇気が横溢せるところがあって、才幹に富んでおるということは、たしかに我々に男性的な快感を与えるが、しかしどういうものか、筋骨逞しかったり、あるいは言語明晰、論理が立って、功名心に燃え、才気煥発しておるような有名な婦人方を見ると、女らしいという快感を与えないのである。男性に与えないばかりでなく、女性にも与えない。女性はやはりそういう筋骨というような外面的のものよりも、精神的・内面的なものを持つべきであり、頭脳よりも情愛、功名心よりは隠逸心、才能よりは徳操というものが表面になっておって、初めて女性的な快感を与える。これらが陰陽のもっとも著しいよい表現であろう。天之御中主神（あめのみなかぬしのかみ）、高皇産霊神（たかみむすびのかみ）、神皇産霊神（かんむすびのかみ）以下の建国神話も、実によくこの理法を語るものである。

## 東西文化の対照

東洋文化と西洋文化との上において、このことはまたよい対照をなしておる。西洋文化は以上の諸例から見て明らかに陽的文化である。これに対し東洋文化の方は陰原理を本領とする文化といわねばならぬ。

西洋文化は明らかに外向性を帯びておる。物質的であり、機械的であり、理知的であり、才能本位である。功利的である。どちらかといえば男性的である。易で言えば乾徳文明である。これに対照すると、東洋文化ははるかに内面的精神的な特徴を持ち、理知的よりは、情意的であり、功利的よりは趣味的であり、才能的よりは徳操的である。男性的よりは女性的である。乾徳文明に対して言えば坤徳文明である。これは東洋文化の諸相を、西洋文化の諸相と対比して見ると明瞭になる。

つまり西洋文化は一つのものが無限に自分を分化し、形をとって自分を発現してゆこうとする働きである。東洋文化は複雑な分化を統一し、なるべく含蓄して、個よりもむしろ全を、現在よりもむしろ永続しようという傾向を持っておる。これだけは否(いな)むに否めない特徴である。試みに我々の衣食住から考えてもそれが明瞭に意識される。

## 生活様式にみる東西文明の相違

まず和服である。西洋の衣服・洋服は外に出て活動するのにたしかに便利にできておる。けれども洋服は非常に個別的なものであって、融通性・統一性を欠いており、落ち着きにくい。静かな生活、くつろいだ生活をするには、まことに相応(ふさわ)しくない。

これに比べると、我々の着る和服は、静かな落ち着いた生活をするには、実に相応しくできておるものであって、融通性があり、統一性がある。だから静かにおる時は、和服がもっとも便利である。とりわけ審美的要素に富んでおる婦人の服装を見ると、東洋人ことに日本人の服装は複雑な要素がよく統一され、いろいろな要求がよく含蓄されて、元来被服であるところへ、花鳥風月を優にゆかしく取り入れ、それに詩を加え、書を加え、あらゆる精神的芸術的要求を統一して、それを着る。これは単調に倦んでいる西洋婦人の非常に憧憬(あこが)れる点でもある。けれども一面において、日本婦人の服装ほど手数なものはないということもできる。

食物もそうである。西洋の食物は、我々が活動をするに必要な、即ち功利的あるいは合理的にできている。何カロリーの熱量・蛋白質・含水炭素・脂肪うんぬんの栄養素、そういうものをこれだけ摂取すればよいというふうにできておる。しかしこれはあくまでも食物である。

しかるにシナ料理や日本料理を見ると、食物が単に食物ではない。栄養や熱量を摂るのみが目的ではない。シナ料理を見るとわかるが、いろいろ我々の純粋味覚の満足、あるいは精力の蓄積等、いわゆるエロやらグロやらの要求をも統一して、そうしてどこか純化されないところの食物である。その複雑な要求がさらによく純化され、統一洗練されておるという点において、日本料理のごとく世界において意味あるものはない。日本の食物は、人間の肉体の栄養熱量を摂取するのみならず、また味覚を満足せしむるのみならず、あるいは我々の精力を養い、病を治すものたるのみならず、食膳に大自然を再現する芸術なのである。箸を一つとっても、箸によって木を味わい、木の持つ「朴(ぼく)」の哲学、人間の永遠性の原理を楽しむのである。茶碗に土を味わい、匙に散蓮華(ちりれんげ)を偲ぶ。したがって食うことも単なる食でなく、人格生活の一部分になっている。

茶を一つ飲むにしても、茶は決して渇を癒すというような単なる生理的満足でなく、茶というものによって我々が精神生活を行ない、人格の深い要求を満たすということがあの中に含まっておる。したがって茶道というようなものになると、実に幽玄なもので、その至れるに及んでは、たとえば井伊家にさきほども挙げた直弼の好んで行なった「一期一会」の心得がある。

一期一会とは、即ち一生涯に一度会うことで、炉の前に主客が端座する時、それは今生においてこれ限りかもしれぬ、人命というものは朝露のごときものである。朝あって夕を図ることができぬ、ここで会えば復た会うことは人間として期することができぬ、今生にこれを限りと思う気持になる。その気持で飲むと、人間はふざけた心、雑念というものがことごとく脱落して、真心が表れる。その真心を貴ぶのが、あの一期一会の精神である。こうなると、茶を飲むということは、物質的問題ではなくて、深遠な悟道の問題である。かようなことは限りがない。

住宅もそうで、西洋の住宅は大自然の中から、いかにして人間の世界を分派し出そうか、自然という混沌たる中から、人間の天地をはっきり派生するようにできている。東洋ことに日本の住宅はこれとまったく反対で、人間の住居をいかにして自然に統一すべきか――ということを旨としておる。

これは東西の建築を見てくると明瞭である。さらに人間の深い霊的要求による宗教的建築を見ても、ヨーロッパの教会建築、インドの仏教建築と、それらから日本の神社建築を見てくると、やはり民族性の本領の相違を明らかに看取することができる。向こうのはいかにして寺院の建築を人巧的に荘厳ならしめんかということに苦心を極めておるが、それがだんだん東洋ことに日本の神社建築になると、いかにして人間の一切の粉飾を去って、大自然に冥合せんかというふうに苦心しておる。神社建築は木と石と明かりである。そのほかに何にもない。その極まるに及んでは、山そのもの、森そのものを神体とし、神社として、拝み入るようにできておる。これ実に『荘子』にいわゆる、「已に彫し、已に琢して、復た朴に還る」ものである。

**西洋は分析的、外面的**
**東洋は統一的、含蓄的**

だいたいこういうふうに生活様式が違っておる。日常の起居動作を見ても、西洋人は分析的に、外面的に行動する。東洋人は統一的、含蓄的に動作する。前述のように、西洋人の住宅は大自然の中から人間の住居を分離したものであるから、この西洋住宅に生活すると戸外運動というものが必要になってくる。日本の住宅は今言ったように、大自然と融合せしめることを念としておるから、しいて戸外運動の必要を西洋人ほど認めない。

婦人の生活を見ても、日本婦人は躾（しつけ）のとおり、作法のとおりに生活するならば、たとえば食事をするにも、来客に応接するにも、それが同時に運動になっている。茶を持って、そうして客室に入る時は、まず座って、全身運動で襖（ふすま）を開けなければならぬ。そして立ち上がって、入って、また座って襖を閉め、また立って、それからまた座って茶を出す、あるいは配膳をする。挨拶を一つするにも、手を出して握るような局部運動をすればよいというわけにはゆかぬ。必ず両手をついて、全身運動でお辞儀をしなければならぬ。それで作法どおりにお客に接すると相当の運動である。

それから日本人の座法というものが非常に衛生的なもので、躾どおりに座るならば、殊に婦人として身嗜み正しく座るならば、これはそれだけで立派な一つの健康法である。帯が婦人に大事な腹腰の温かさを保って、脊椎・腰椎を守り、鳩尾のところから折れ屈まないように崩れないように、姿勢を正しくする。だからなるべく正しく帯を締めて生活していれば、それだけで実は婦人として運動は要らぬ。それを撤廃すると、どうしても外に出て飛んだり跳ねたりしなければならぬようになる。裁縫をするのと座禅をするのと、いっしょにやる。運動と掃除と一つであるというふうに、我々の起居動作は統一的で、裁縫は裁縫、応接は応接、運動は運動というふうに分ける西洋人の特徴と明瞭に違ってきた。衣食住・起居動作のいずれを見ても、東洋は統一的含蓄的であり、西洋は分化活動的である。

絵画なども、西洋の絵画は多く自然より人間を描いておる。ルネッサンスの巨匠の作品も、やはり人間を描いておる。自然は単にその背景にすぎない。また画の習作をしても、普通まず裸体画から始める。あれが本当に描けるようになると、堂に入ったものである。ところが東洋の絵画ことに文人画などを見ると、人間を通じて自然を描いている。自然というものの中に貴い個性を発見するというふうになっておる。それで詩・書・画というものが文人画において統一され、詩は詩、画は画、書は書というように分離しない。画の稽古を始めるにもまず石から描き始める。石が本当に描けると、これは至れるものである。

骨董でもそうである。これは私の独断かもしれぬが、結局書画をいじるということは石をいじるということになりはせぬか。石を愛するということが我々の至れる境地と思う。詩などを見ても、画を見ても、結局石を愛するというようなところが詩の極致であり、画の極致であるのではないか。有名な清初の鄭板橋（ていはんきょう）は蘭や竹は描いて人に与えておるが、石はめったに描かず、描いても人に与えておらぬ。彼の集を見ても、「我に石の友達が三人ある。これらの人間でなければわが石の画はわからぬ」といって、石の画を大事にしている。石というものは造化のもっとも原始的形態、したがって造化の永遠の相をもっともよく象徴するものである。

石からだんだん植物になり、動物になり、人間になるほど、造化というものから派生してきておる。したがってもっとも深く造化に徹せんとすれば、結局人間よりも竹とか石とかいうようなものに趣味が及ぶのである。これらの点は東洋の深い哲学および芸術の問題であるが、東洋研究の一着眼点として論及しておく。

それから我々の使っている文字である。西洋の文字も、東洋の文字も、その源に遡って考えると、同じ要求から発している。即ち子供が自由画を描くように、原始人が自然にこれを生みだしてきたものである。しかし西洋の文字はその後だんだん単に我々の思想伝達の符牒とし、単なる記号としてのみ発達していったのである。

ところが東洋の文字、ことに我々の使ってきた漢字というようなものは、我々の絵画的趣味・我々の心意表現の要求（悟道的要求）、こういうものが複雑に作用し統一含蓄されて、ここにああいう物ができた。

## 漢字文化の深さ

漢字の中でも、もっともそういう性質の複雑なものである会意文字というものを見ると実に面白い。西洋人が概念的理論的に展開するものを一字の中に含蓄黙示している。たとえば、人が自ずからにして言語を発することほど、やむにやまれぬものはない。我々の生命がのびてくる時に自然と言語を発してくる。だから人偏に言を書いて信といい、のぶという。ただし人間の口から出るものも、人間が自然を失わぬ間はよろしいけれども、だんだん偽が盛んになってくると、人間の口から出るもの必ずしもありがたくはない。ただ士の口から即ち身分ある人――この頃は身分ある人も当てにならぬが――人格者の口から出るものは当てになる。そこで吉という字を使っている。偽という字が人為（人が為す）とあるのも面白い。

　人間を檻の中に入れれば囚人だ。原始的感情からいうならば、まことに憎むべきで、殺してしまえばよいものを、それにも飯を食べさせてやる、即ち囚の下に皿という字をつける、水も飲ませてやる、即ち氵偏をつける、そうすると溫（温）という文字になる（これは一説）。溫という字はこうしてこう書くのだとやたらに教えても面白くない。同じ一字を教えるにも――囚字の下の皿という字は囚人に飯を食わせるという文字、何故に囚人に飯を食わせ、茶を飲ませるか、これを考えさせてゆけば、犯罪とは何ぞや、刑罰とは何ぞやという、刑法学の根本問題にも触れさせられるのである。

　國（国）という字を見ても、あの真ん中の一は土地、その上の口は一区画、即ち領土、したがってそこに人間がおる。戈は力であり防衛である。これによって初めて存在することができる。その最高形態が或（くに）である。國（国）という字の中の或という字だけで古くはい、くにと使っていた。そういう国がたくさんできてくる、したがってそこに国境が生じてくる、そこで或という字に大きな口をつけて國をつくった。我々が国法学や国家学を学ぶと、国家とは何ぞやという定義にぶつかる。国家には三要素あって、土地・人民・主権者（権力服従関係）であるなどというが、こういう国家の三要素というものは、國という一字に入っているわけである。

武とは何ぞや、武とは戈と止めるという二字から成り立っている。戈というものは生命を断つものとして凶器といわれている。戦争はいちばんの罪悪で、生命を殺戮する。これは大きくいえば造化を破壊するものである。この宇宙人生はたえざる生成であるから、殺生はいちばんの根本的罪悪である。それを止める、即ち人間の邪悪を止める努力＝武。即ち我々の真剣の努力を表しておる。

あるいは誰もが経験するとおり、ものを明らかに見透そうと思えば、高いところに上がらなければならぬ。「欲レ窮二千里目一。更上一層楼」という有名な詩句がある。その高の下に儿を加える。儿は人間が足を上げておる字で、そこで亮──「明らか」という字になる。物を高い所から明らかに見透して初めて人の指導もできる。そこで亮という字を「助ける」とも読む。

こういうことから文字を見ると、東洋の含蓄統一性ということをよく呑み込むことができる。それだけ漢字はむずかしい。むずかしいから学習に不便である。文化を遅らせる。これはやめねばならぬということになってきたが、一理あるけれども、軽々しくは取り扱えない問題で、国字は決して便不便の上からのみ見るべきものではないのである。

## 感情面での相違

文字の用法がそのとおりであるが、今度は我々の感情的方面──いったい理知という働きは派生的で、これに対して本源的な働きは感情である。人格そのもの、人間そのもの、自我の状態を直接反映するのが感情である。心理学者は「感情は自我の状態の意識である」などと説明する。人そのものをそのままに反映するのが感情であるから、感情に訴えると、その人全体を動かすが、理知に訴えては、その人のある一部しか動かない。その感情をもっともよく流露せしめるものは諸民族の詩である。したがって論理的記述よりも詩というものを窺うことによって民族性がよくわかる。その詩を見ても、東西両民族の本領の相違がわかる。西洋の詩は、東洋人から見ると詩という感じが少なくて、よほど文章に近い。

俳句を英語に翻訳したものを取って、二、三の例を考えてみよう。名高い例の「古池や蛙飛び込む水の音」、Chamberlain 氏の翻訳があるが、こちらは、古池や——やという何ともわけのわからぬ文字、しかし実に文法上の簡単な一文字ではなくして、実際において非常に含蓄のある文字、そういうちょっと説明のできない「や」という文字を使って古池を黙想せしめ、次に蛙の飛び込むというのは一つの文章の形態をなしているが、それも水の音という一句に結びついて初めて生きてくるので、独立したものではない。最後の水の音というのは水の音がするのではない、水の音という一つの句である。それを結んで実在そのものが生き生きと出ておる。静寂の中にポチャンと飛び込む一つの動作を点綴し来って、いかにもよく造化の妙機を出している。その訳に曰く、

A lonely pond in age-old stillness sleeps,
Apart, unstirred by sound or motion,
Till suddenly into it a little frog leaps.

なんらの響きにも、動作にも妨げられずに、幾代かを経たる一つの静かな池が眠っておる。そこに突如として一匹の軽い蛙が飛び込んだ。――我々がこれを読むと、理知というものを通して自然そのものを説明してしまっている。これを「古池や蛙飛び込む水の音」と対照してくるとき、こちらの方は水をぐっと一口飲んだ感じ、いわゆる冷暖自知の境、チェンバレンの翻訳を見るときは、水は$H_2O$という説明を聴く感がある。

加賀の千代女の句に「起きて見つ寝て見つ蚊帳(かや)の広さ哉(かな)」というのがある。これをページという人の翻訳に、

I sleep…………I wake,
How wide the bed with none beside.

私は寝る、私は覚める、誰も傍に寝ておらないベッドのいかに広きか――これではあまりに概念的、かつ卑俗である。第一Iという文字が面白くない。

同様に「朝顔に釣瓶(つるべ)取られて貰い水」を、

All round the rope a morning glory clings,

How can I break its beauty's dainty spell?
I beg water from neighbor's well.

釣瓶の縄をぐるりと朝顔が絡んでいる。私はこの花の甘き秘密をいかにして破ることができようか。私は水をもらってくる。隣の井戸から——というふうに説明している。まことによくわかる。けれども遺憾ながら実在の生命そのものは逸する。東洋はなんとかしてよけいなものを去って物の生命を出そうとする。彼方はなるべく枝葉を付けて細かく説明しようとする。

「朝顔に釣瓶取られて貰い水」といえば、向こう（西洋）は誰に釣瓶を取られたかを説明しろという。貰い水というがどこから貰った、なぜ貰った、即ち因果律というものを推究してくる。そして因果関係を分析説明しなければ満足しない。こちらはそういうものは自明の事実として、実在そのものを表現しようとする。両者性向の相違である。

『廣瀬淡窓詩話』に、ある俳人の弟子が、「板の間に下女取り落とす海鼠哉（なまこかな）」という俳句を作って見せた。すると先生がこれは道具立てが多いといって却下した。西洋人だとこれを喜ぶ。数言で事実が明瞭であるが、これでは下女を歌ったのか、板の間を歌ったのか、海鼠を歌ったものか、はなはだはっきりせぬ。ここにおいて弟子が一考するところあって「板の間に取り落としたる海鼠哉」と下女を省略した。先生はそれを見て、これはよくできたが、まだいかぬ。そこでさらに苦吟惨憺して曰く「取り落とし取り落としたる海鼠哉」。そこで先生手を拍って、これが句作の真精神であるといって許したということである。

板の間だの下女だのということはどうでもよい。海鼠の海鼠たる所以を表せばよいのである。ぬらりくらりとした真骨頂を表さなければならぬ。そこで「取り落とし取り落とし」で海鼠の特性というものがよく出てくる、その他は省略してしまう。それを「取り落とし取り落とし」ではわからぬ。どこに落とした、板の間に落とした、誰が落とした、下女が落とした、とせねば満足せぬでは句にならぬ。行き方の違う面白いところであるが、詩では西洋の行き方は劣る。東洋の詩は、主語があっては困る。またいろいろな説明語が多過ぎても困る。なるべくよけいなものは去って去り抜いて、そうして本当のものを出そう。根本と枝葉との区別を明らかにして、枝葉を簡単にして根本を培養するということが、東洋の学問上からいっても大切な問題である。

**伯楽**

これは詩の上からのことであるが、それについて面白い他の一例は伯楽の話。これは『列子』や『淮南子』という書に出ている昔から有名な逸話である。韓退之が『雑説』に書いていっそう日本の知識階級の間に有名になった。

伯楽は秦の穆公という君主の家来で相馬の名人であった。その伯楽がだんだん年とったので、達者なうちに子供たちに馬を見ることの秘訣を伝えておいてもらいたいと君公から話があった。伯楽答えて曰く、「私の子供は皆凡人であります。単に馬の善悪ならばその形状筋骨でわかりますが、単に善い馬というのではない、本当に千里の名馬（人間でいえば好人物程度でなく、人傑というようなもの）になってくると、面構えや姿格好ではわかりませぬ。わからぬところに、ある神秘的なものが存するのです。それには私の子供のような凡物では駄目です。私の友達に九方皐（一に堙）という者がおりまして、これなら私に優るとも劣るものではありませぬ」というので非常に喜んで、その者を召して馬を探しにやった。

すると砂丘から千里の馬を発見したといって復命してきた。その馬は牝の黒毛（一本に牡黄）とあった。さっそく取りにやると、使者の伺いに曰く、その指定の馬は牝の驪ではなく、雄の黄毛である。つまり雄雌が反対で、毛色も違っておる。それを聴いた公は、伯楽を呼び出して、「怪しからぬ馬鹿者を推挙した。彼に馬を見せにやったところが、雌雄毛色の区別もつかぬ。こういうものに本当の馬の善悪がわかるはずはないではないか」。その時、伯楽感嘆やまずして曰く、「実に彼はそこまで達しておりますか、それではとうてい私などは及びもつかぬ者であります」。

公は何のことだかわけがわからぬ。伯楽曰く、「たいていの者は馬の毛色とか雌雄とかいうものを見て、本当の大事なところはわからぬものです。彼はそんなものは見ておりませぬ。彼はその内を見て外を忘れ、その精を見てその粗は打ち棄てているのです。彼は馬などというものを見ているのではありませぬ。彼は馬より貴いもの即ち天機というものを見ているのです。試しに召(よ)んでごらんなさい」というので呼び寄せると、はたして千里の逸物であった。

そういう枝葉末節に捉われて物の本質を失うということは俗人のことである。達人は枝葉末節を捨てて、正鵠(せいこく)を把握する。東洋文化の長所はここに在(あ)る。近来西洋芸術はこれを追求していると言ってよかろう。

## 西洋の権利観念と平等思想

そのほか個人生活・家庭生活・社会生活というような方面から考えても、同様である。西洋は分化発動の陽原理的特質で、人間としては自覚的・主我的・個人主義的である。これに対して東洋は統一含蓄、言い換えれば自分というささやかなものから、少しでもこれを摂理する根元の大生命に帰一して生きようという陰原理を本領としておる。そこで没我的である。比較的ではあるが、この西洋は主我的で、東洋は没我的であるということは確かに特徴であって、主我的な精神の当然の発展として必ず権利観念・平等思想が生じる。

権利観念・平等思想が正しく発展することは、各人の自覚が明瞭になって、そうしてお互いの間に協同組織・協同動作が自然に発達する。これによって社会という大きな体系的生活が営まれてゆくわけである。しかしこれが偏すると、権利義務の観念、平等主義の観念は、排他主義・無秩序・破壊となる。

西洋の家庭生活においては、夫婦は平等である。おのおの自己を知り、相手を理解し、そうして共同生活を営んでおる。妻も財産権を持っている。夫は自分の経済的失敗によっても妻を煩わさないですむ。また妻は自ら進んでなさざるかぎり、夫の財産上の破綻とは無関係でいられる。金では他人で、妻が財産を持っておっても、夫を助けないでもすむ。男に資力がないと、結婚ができにくい。子供は子供、夫は夫、妻は妻、親は親というふうに、個人的生活が行なわれている。

西洋の議会制度を見ても、政党はこれを構成する代議士たちがそれぞれ見識を持ち、それぞれ一つの主義を持って、明瞭に自己の生活を持っておる。それが協同して、ここに生まれるものが政党、そこで政党の首領というものがあるが、この首領の党員に及ぼす影響は東洋とはまったく違っておる。よほど機械的である。したがって首領というものの存亡のいかんにかかわらず、政党および政党員は独立性をよく保っておる。ある政党に属する党員が平気でその党の政策を批判もすれば反対もする。それを他の党員があえて怪しみもせぬ。これはヨーロッパ辺り、アメリカ辺りの政党には常に見るところである。

同時に経済社会を見ても、資本家は資本家、労働者は労働者で、西独のように、資本労働両方の理解協調というものがある。労働者は労働者としての自覚を持ち、資本家は資本家として相対的存立を維持している。しかし一歩を誤れば闘争である。

東洋はそういうようにゆきにくい。東洋の家庭は、決して夫なり妻なり親なり子なりというものが明確に相対的・平等的な自覚の下に、共同生活をしているのでない。いずれかといえば、お互いに没我的になって相交じり合うのが原則である。親は子のために自己を忘れ、妻は夫のためにまったく己れを忘れる。そうして夫や子供の喜ぶのを見て喜び、悲しむのを見て悲しむ。夫あり、子あることを知って、自らを知らぬという状態が普通であって、それが正しいのである。だから西洋と違って、夫が物を貰えば妻が礼をいう。子供が物を貰えば親が礼をいう。そういうことは日本の家庭でなければ容易に見られぬことである。

政治社会を見ても、政党に属する政党員——日本の政党員というものは、明確な主義主張を持っている者もあるが、一般にあまり持っておらぬ。いわゆる陣笠代議士が多い。皆それぞれ親分というものがあって、それに没我的に参じているのである。そうして親分のいうことには、皆賛成である。したがって政党というものに強力な親分・総裁が現れた時は、実によく自分の手足を動かすように政党員を連れてゆくことができる。おそらく善悪ともに自由になる。ところが西洋ではなかなかむずかしい。いやしくも立派な政党なら、そのために幹部が不正を行なわんとする時、誤れる方向に進まんとする時は、これを批判し論議する党員が出てくる。日本だから田中義一大将でも原敬総裁でも、政友会というものを善悪にかかわらずあれだけ動かし得た。その代わりその親分的総裁が亡くなると、魂のないものになる。

経済社会を見ても、労資というものが西洋のように理知的に妥協する、理知的に提携するということは、日本人ではできにくい。やはり労働組合長にあるいはまた資本家の中に、自分がすべてを忘れて許すような人間がなくては——精神的に感激するところの対象がなければ、能率を上げて力を発揮することができない。この人のために死ぬとか、この事業のために死ぬという感激の対象の欲しいのが中国人や日本人の性情である。

講談などで有名な幡随院長兵衛とか、清水次郎長というものを、単に侠客として見るならば、それは古今に通ぜざる者である。現代的にいえば、彼らはちょうど今日いうところの労働組合長・職業紹介所長・簡易宿泊所長というようなものを統一した人物である。あの幡随院とか、清水とかは身内というて労働者を皆持っておる。用のない時には簡易宿泊所をやっている。つまり仕事のない時は幡随院長兵衛は簡易宿泊所長である。何か諸大名からなんらかの労働の要求でもあると、その時に自分の身内からその人足を出してやる。その時はまさしく職業紹介所長である。そういうことが渾然と統一されており、かつ彼らは経済的関係で生きておるのではない。彼らは労働というものをよく人格化しておる。

それで職業の紹介があっても、ただ向こうからこういう報酬で、こういう仕事がきたから、お前行って働いてこいと、一定の報酬に対する一定の労力給付をするというような関係でない。いかにささやかな、いかなる低級な労働といえども、そこに一種の誇りがあって、彼らをしてここに感激せしめて、人格的に労働するようになさしめる。だからあらゆることについて親分子分の関係を結んだ人間でないと、無宿者ということになって、人間として待遇されない。この生活様式、社会的存在に私は非常に興味を覚えるのである。

それらに一顧の注意も払わず、まったく原理を異にする西洋の生活文化を導き入れて、教育たると、政治たると、学問たると、何たるとを論ぜず、どしどしと木に竹を接ぐように改めたということは、我々の先輩の錯誤である。社会生活のこういう動的方面を見ても、向こうはいかに一つのものから分派しようかという傾向を持っているに対して、東洋は統一含蓄の傾向を持っているということがよくわかる。

## 東洋の学問と西洋の学問

学問的方面を見てきてもそうである。東洋には儒教であるとか、仏教であるとか、神道であるとか、あるいは道教であるとかいうような漠然たる存在しかなかった。西洋のごとく哲学あり、科学あり、その科学にはそれぞれ自然科学あり、社会科学あり、その中にも政治学あり、経済学あり、宗教学あり、教育学あり、またその教育学の中にも文化教育学があるかと思うと、自由教育学、あるいはまた児童教育学、成人教育学、社会教育学とかなんとかたくさんそういうような学問の分派があるが、東洋にはなかった。

そこで截然として考えると、こういう派生してきた論理的概念的学問、これが学問というもので、ヴィッセンシャフトに非ずんば学に非ず。東洋には学問というものがないのだ。儒教とか道教とかいう教えというものしかないのだ。非学術的・非文化的である。日本の文化史の内容を見てくる時、すべて外国からの輸入である。儒教しかり、仏教しかり、日本には独創的な文化というものはない。日本人は独創力がない民族である。こういう民族の文化的将来を期待することはできぬ――というのが大正時代から今日もなお残っている考えである。

それは造化の相対的原理を知らず、統一と分化の関係のわからぬ浅見より生ずる。そういうふうにあらゆる学問を分化してきたのが西洋の特徴で、分化すべきものを統一し含蓄してきたのが東洋的で、行き方が違っていたのである。必要があるならば、儒教から儒教の政治学もできる、儒教の教育学もできる。儒教の宗教学もできる。老荘哲学も老荘宗教学も生ずる。いくらでもそういうものを抽出してくることは可能である。それが抽出せられずに、混沌として存在したというところに、かえって非常な妙味がある。

『荘子』に名高い混沌の話がある。混沌というのは中央の天子の名前で、南海の帝を儵といい、北海の帝を忽という。これはいうまでもなく刹那的なるものの代名詞である。混沌というのは全き存在、永遠の存在の象徴である。そうして『荘子』にはその南海の天子と、北海の天子とが中央の天子の混沌のところに遊んで非常に歓待されたと書いてある。枝葉的なものは根本によって存在するのである。根本が健やかなる時は、枝も葉もすべて派生的のものがみずみずしく栄える。そういう派生的なものを歓待するのが根本の働き、根幹の働きである。混沌が歓待したというところに妙味がある。さて南北二帝が中央の天子の混沌にお礼をしたいというので協議した結果、人間には眼・耳・鼻・口など七つの竅がある。混沌にはそういうものもなく、ずんべらぼうである。一つ人並みに孔を開けてやろうではないかというので、一日に一つずつ孔を開けた。そして七竅が開いた時には混沌は死んだ。実に意味深長な面白い話である。

あまりに我々が統一含蓄ということを忘れて派生的に走る、即ち末梢的になるということは、往々にして生命を滅ぼす。少なくとも実在と遊離する。我々人間では、いちばん大事なものは統一的生命である。即ち活力で、精神生活においても人格にいちばん大事なものは肉体における活力のごとく、気魄と精進というものである。理想を追求して真剣な努力をするということがいちばん大事である。これが盛んな時には我々の生活は多少貧乏であろうとも、またいかに逆境にあろうとも、いかなる難問題が紛糾しておっても意とするに足らぬが、ひとたび気魄が欠ける、精進が足りない、理想精神が亡びる時には、我々の身辺の一事一物ことごとく我々の生活の悩みたらざるを得ない。

民族でも、民族全体を通じてなんらかの理想がある時には、その民族生活の中にいかなる欠陥があり、病弊があってもたいしたことにはならぬけれども、ひとたび民族の全般を通ずるところの理想というものがなくなると、非常に堕落し乱脈な状態になる。明治以来日本でもずいぶん盲目的に西洋文化を観察して、木に竹を接ぐように取り入れたということもあり、その他枢機に立った人のいろいろな行動においても議すべき点があったが、とにかく日本の国民全体を通じて熱烈な理想があった、活力があったがために、世界に目覚ましい進歩をしたのである。それから日清・日露戦争に勝ったのは結構であったが、日本の文明が進歩するにしたがって人々の目標がなくなり、緊張後の弛緩がくるようなことになり、国策を誤って大敗し、今日のような風気になった。

東洋の学問は創造の根本に復ることを力説しておる。『論語』に「君子はその本を務む」といっており、『孟子』にも「その大なる者を立つ」と説いている。それが陽明学の精神にもなっている。

禅という東洋的宗教において、その開祖といわれる達磨大師の教えを見ると、やはり同じことをいっておる。

達磨という人はちょうどシナが日本の今日を思わしめるような、社会的に無理想な時代、文化生活の爛熟腐敗した梁(りょう)の時代にやってきた。当時の宗教なるものは、煩瑣な翻訳にあらずんば、現世の利益を求める虫のいい宗教であって、本当の人間をつくる、安心立命する、社会に淳風美俗をつくる真の大乗精神は一向に見られなかった。その時、大乗仏教の真精神を提げてやってきて、そうしてその当時の知識階級に彼が提唱したことは、第一に実践である。実際生活と遊離した概念と気分の生活でなく、利己的生活でなく、力強い実践的生活、その最初に彼が論じたのは報冤行(ほうえんぎょう)である。

冤は兎という生命の躍動の象徴たるもの、それに網を被せた文字である。我々は活動を妨げられるほどつらいことはない。そこに冤(うらみ)が生ずる。即ち一切の呪わしいことの起こる根本に返って、やり直すのが報冤である。その教義を録した『景徳傳燈録』『続高僧伝』などによると、衆生は久しく本を捨てて末に走り、そしていたずらに怨憎する。そこで怨み憎しみや人生の呪わしいことが由(よ)って生ずる所以を去り、根本の生活に復(かえ)ってそこから出直すということ。即ち我々が末梢に走り、尖端に走って、根本を遊離したつまらない生活、こせこせした問題に拘泥して浅はかな感傷等、つまらぬことを一切いわぬ、泣き言をいわぬ、繰り言をいわぬ。深くかつ大きく生きなければならぬということを説いている。

すべての教え、ことに日本の惟神（かんながら）の教えというものは、その点においてもっとも純真正大に根本に返って、そうしてまったく小我を排脱して、自然と人間との大和に生きようとするものなのである。

## 現代文化を救うもの

現代は主知的な時代であるが、およそこの「知」というものについても、この頃深い反省が行なわれておる。我々の知にもいろいろある。西洋の神秘派哲学者の説を借りると、だいたい知を三通りに区別することができる。

我々が通常物を観察したり、記述したりするところの論理的・概念的な頭の働き、これはcogitationという。儒にいわゆる「聞見の知」というもので、これは物の皮相しか知ることができない。それが進んで単なる事理より、もっと深い具体的な思惟、それをmeditationという。ついに事物の生命にまで徹底するところの我々の直観、それをcontemplationという。一口に頭というが、この頭にもかくcogitation, meditation, contemplationと深浅が存する。いわゆる理屈っぽい頭から、深い直観になってこなければならぬ。

## 労働知、修養知、解脱知

カント以来の主知的な傾向に反対して、情操を重んずる現象学派がある。中にも人格生活を力説して、倫理道徳に卓見を立てたマックス・シェーラー（1874～1928ドイツの哲学者・社会学者）も、我々の理知の働きを三通りに分けておる。彼はcogitationに該当するもの、今日我々がそういう頭を使って学問教養を受けてきた、そういう頭の働きをArbeitswissen即ち「労働知」「口耳の知」といい、これでは自分を取り巻く環境しかわからぬ。物の内面的生命にまで徹することができない。この生命に徹する頭の働きをばBildungswissen「修養知・建設知」といい、そこで初めて現実に慊(あきた)らずして我々が日に新(あらた)に又(また)日に新(あらた)なる、日新解脱の生活が営まれる。そこまで深まった知の働きをErölzungswissen「解脱(げだつ)知」あるいは、Heilswissen「叡智・聖知」と呼んでおる。

そういう直観的智恵・知行合一した智恵、即ち徳慧というものになってくると、もはや「頭」とは思えない。そうしてかえって尖端的に、末梢的に、機械的に、論理的に知の働くほど、我々にははっきりと「頭」という感覚を与える。末梢ほど我々に感覚が鋭敏である。そこで頭が良いということも、深く直観的智恵を持って馬の毛色や雌雄などに拘泥せずに、物の生命を摑むというより、論理を操るような働きの方が頭らしく感ずるが、これは本当に頭が良いのではない。頭が本当に良いというのは、そういう概念的形式論理的な問題ではない。

**骨力**

のみならず今日の人間は骨力がない。骨力というものは人生の矛盾を処理するものである。世の中は複雑な矛盾から成り立っているということができる。人は鳥獣や魚を食って生きている。魚や鳥獣は人に食われるために生きているのではない。それがすでに矛盾である。宗教的精神の盛んな人はそういう生活に耐えずして、なるべく酒肉に遠ざかろうとする。さればといって我々があまり矛盾に対する包容力がないと、すっかり感傷的になってしまって、無限の創造であるところの宇宙に生活ができない。大いに創造的生活を求めんとすれば、矛盾と感ぜられることを包容して、これを徐（おもむ）ろに処理してゆかなければならぬ。その包容力、その忍耐力・反省力・遂行力、そういうものを骨力というのである。

骨力が大であると、我々の感情も深遠になる。骨力がないと、我々の感情が感傷的になる。その末梢化の禍いで、感傷をいかにも感情の洗練であると錯覚されやすい。さらに主我的であることがなんだかいかにも価値あるような、道徳的であることがかえって恥であるように思うこと、これも近代的錯覚である。すべて現代は価値というものを錯覚している。それをひっくり返すことが正しい。

今日の人間の考え方をひっくり返さないと本当の価値にならぬと、古くはニーチェ近くはシェーラーなどもやかましくいっておる。要するに彼らも根本に帰ろうというのである。
共産主義に優等生が入ってゆくことを心配する者が多い。——困ったものである。頭の良い連中が皆入ってゆく、ゆゆしいことであるというが、そうでない。その優等生の頭の良さというのは、我々をして言わしめれば、コジテイション、アルバイツヴィッセンである。ただ論理を操ることに鋭敏であるが、物の情理を汲むことができない。解脱することができない。悟道的知恵が足りない。そこでただ環境、物の世界、機械的な組織ばかり見て、そうして実際創造の世界から遊離している。大自然から世紀末的人間世界へ遊離している。

面白い例がある。アメリカのペンシルベニアというところに一人の自殺者があった。係の役人が検査すると、自殺の原因を認(したた)めてあった。自分は過般後妻をもらった。その後妻が一人の娘を連れ子としてきた。ところが自分の父がその後妻の娘を非常に可愛がって後妻に直した。自分は人生が何がなんだかわからなくなった。なんとなれば、わが娘がわが父の配偶者となった。故にわが娘はわが娘であって、わが母である。しからばわが妻はわが娘の母なるが故にわが祖母である。わが父はわが娘の夫なるが故にわが子であり、我はわが子の子なるが故にわが孫である。わが娘はわが母にして、わが妻はわが祖母、わが父はわが子にして、我はわが孫。これでは人生実に不可解だといって死んでしまった。この話は、論理的・概念的危険性というものをよく表して面白い。

　こういえばあまりふざけた例のようであるが、これが始終行なわれているのである。国家とは何ぞや、社会とは何ぞや。コロンブス以来の人類の大発見は何かといえば、即ち近代人が社会を発見したことである。今までは国家あるを知って、社会あるを知らなかった。そこに学者が社会というものを発見した。国家とは土地と人民と主権者との三要素から成り立っておる。社会は土地と人民との組織である。国家と社会との区別は権力服従関係の有無にある。してみれば、国家というものは人民にとって手枷足枷（てかせあしかせ）のようなものである。人民が自由な生活をなし得ないというのは、畢竟するに国家という組織が手枷足枷であるからである。この桎梏（しっこく）を取り去らなければ人民は救われない、進歩しないというのは、国家に複雑な歴史あり、民族精神あり、伝統あり、生きたものであるのに、一定義と混同してしまって、そうしてそこから論理的帰結を導き出してくる自殺的結論である。ペンシルベニア州の出来事と同じである。

　そこで現代人をいかにしてこの cogitative よりできるだけ contemplative、単なる wissensarbeiten から heilig に、浅薄な痙攣的感傷から、できるだけ骨力あるように、毒々しい利己主義からもっと大きい大我的精神に進ませるか。即ち個人的には人格主義・理想精神を、国民としては軽薄な外国模倣に非ずして、もう少し自国の民族精神・民族文化を体得しよう。西洋民族としては東洋民族の持てる不可思議な混沌性に学ぼう。こういうふうに欧米の識者間に深い時間ができておる。

要約するならば、つまり世界にこういう相対的原理があって大和(だいわ)しており、その分化発現、したがって往々末梢化・刹那的存在化する性向を西洋文化が代表し、統一含蓄、全体性と永遠性、それとともに停滞休止性を東洋文化が代表し、たまたま時命によってヨーロッパの方がその本分に偏しすぎた結果、だんだん深刻に生命を傷(そこな)い、どうしてもこのままでは破滅よりほかないというので、今やしきりに自然と人間との大和に返ろうとしているのである。

## 日本の行く道

日本の方では混沌できたところ、そこに突然西洋の本領を遺憾なく発揮した文化を急激に体験して、非常に刺戟が強かった。その結果文化というものはヨーロッパに限るというように錯覚し、またヨーロッパ人もそう論ずる。そういうところから自分の本領を忘れて追随していった。それがちょうど前車の覆轍で、驚いてまた自らの本領に帰ろうとしている。その混乱がちょうど今日の情勢である。

あまりに主知的に功利的に、物質的に走りすぎている。それを中和しなければならぬ。そういうことを考えてくると、我々の新しい世界文明というものは、ちょうど我々が本領として持っておる精神・能力、それを根底として、それに今まで発展してきた西洋の文化、彼らの本領を接ぎ木して、初めて全(まった)きものになるということを知るのである。そうすると世界文明というものの創造に我々の占めるべき地位・立場・使命がはっきりする。人類文化の大和的関係を知って、初めて真剣に自己の使命に生きることができる。そこに矛盾も排擠もないのである。

# 大和のための原則

# 第十章　聖徳太子と十七条憲法

## 聖徳太子

おおよそ人間の不和に悩んで考えさせられる人々が、必ず念頭に思い浮かべる言葉は、まず聖徳太子の「和を以て貴しと為す」という、十七条憲法冒頭の一語であろう。

二十世紀の昨今も、ソ連や中共をはじめ共産党諸国で、ものすごい粛清、殺戮が行なわれ、歴史の逆転と哭されたが、太子の時代がやはりその激烈・深刻な不和・闘争の時代であった。

元来太子は用明天皇の皇子であるが、母君は穴穂部間人皇后といって、蘇我馬子の妹であり、妃は馬子の娘である。大和朝廷では、当時この蘇我氏と物部氏・大伴氏・中臣氏らの諸氏族が派閥をつくって、深刻な権力闘争があった。その中でも蘇我氏はいわゆる進歩的で、常に外国と接触し、貿易を行ない、政府の財政を掌握して、もっとも勢力があった。

これに対して物部氏や大伴氏は軍部系統であり、中臣氏は祭祀を掌っていた関係上、自然に保守派であった。その間の思想感情も合わなかったことは、欽明天皇の御代、仏像の渡来について、これを信奉するか否かの評議にも、両者の相違がはっきり表れている。上代では信仰が、今日の人間の考え及ばぬ重大問題であるが、この信仰上の意見の衝突も、その後次第に激しくなっていった。

　太子の御父用明天皇（欽明天皇の皇子）は不幸にして病弱であらせられた。敏達天皇崩御の後、皇位をめぐって、まず同じく欽明天皇の皇子であり、敏達天皇の異母弟である穴穂部皇子が野心を抱き、用明を推す蘇我馬子との間に怨を構え、皇子は馬子の妹の子であるから伯父・甥の間柄であるが、ついに馬子のために殺害された。皇子派であった物部守屋、その妹が馬子の妻であるが、彼と馬子との間もとうとう爆発して、馬子は軍を動員して守屋を襲撃し、数百の人々を惨殺して、守屋および、去就に迷った中臣勝海をも討ち取った。太子はこの時十四歳で、攻撃軍中にあったと『日本書紀』にあるがどうであろうか。

　その後一カ月、馬子は妹小姉君（欽明帝妃）の所生即ち甥である泊瀬部皇子を擁立した。崇峻天皇である。天皇は非常に激しい気性の気概に富んだ方で、馬子の専横を憎んで、これを誅殺しようと謀られたが、企てが漏れて、馬子は大いに怒り、帰化人で馬子に忠節を誓っていた、だいぶ知恵の足りない東漢直駒に旨を含めて、天皇を暗殺させ、功に驕って放埒を尽くした駒をまた惨殺した。そして先々代敏達天皇の皇后であった炊屋姫（かしぎやひめ）、自分の妹の子を群臣に推戴させた。これが推古天皇である。天皇は極力辞退されたようであるが、周囲に迫られてやむを得ず即位され、翌年四月（五九三年、隋文帝の十三年）厩戸皇子（うまやどの）――聖徳太子を立てて皇太子とし、万機の摂政を任された。はじめに記したように太子は天皇の甥、馬子とも血縁があり、その娘婿になるのである。

爾来二十八年（推古天皇の二十九年、正しくは三十年）、太子は当時まだはなはだ低開発国家であった日本の偉大な新建設のために、暦法の制定、思想道徳の振興、神道（しんとう）儒教の尊重はもとより、特に仏教の奨励、政治訓・官吏訓である十七条憲法の制定、組織制度の整備、文化の奨励、留学生・留学僧の派遣、国史の編纂、民衆生活の向上、生産施設の改善、社会福祉施設等あらゆる方面に偉大な努力を傾注し、氏族の私的連合にすぎぬ古代的国家体制を、中央集権的統一国家体制に切り替え、豪族の派閥政治を、有能な官僚政治に改める至難の事業をよく遂行された。

太子は不幸にして四十九（あるいは五十）のお若さを以てお亡くなりになった。農民は耕を止め、舂女（つきめ）は杵を止めて、泣き悲しむ声が行路に満ちた。『日本書紀』に、「日月、輝を失ひて、天地すでに崩れぬべし。今より以後、誰をか恃まむや」と記している。明治天皇崩御の際の、国民を挙げての悲泣・慟哭を知る私は、太子についても、その光景をよく連想することができる。

太子が馬子の弑逆を黙視して、ついに誅戮に及ばれなかったことに対する痛烈な非難が、林羅山、新井白石、安積澹泊、斉藤拙堂、伊勢貞丈らをはじめとして、今日に至るまで存している。日本国体における純理論よりすればもっともである。しかし弑逆当時太子はまだ十八歳であり、無力である。それはともかく、血族関係からいっても複雑であり、当時血族相せめぐことも普通として、聡明叡智絶倫であり、対外情勢から日本国家の確立に情熱を注がれた太子としては、凡慮の及びがたいお考えがあったであろう。ことに深い宗教的志操をおもちになったのであるから、なおさら軽々には片づけられない。

神道家の中には、太子の宗教が仏教に偏して、十七条憲法の中に敬神の事がないという論がある。これについても、すでに識者が弁じていることで、天皇も太子も当然のこととして神祇を尊崇しておられ、太子伝補注にも、「神道は道の根本、天地と共に起こり、以て人の始動を説く」と、太子の見解を記している。仏教についてもご真筆の「法華経義疏」草稿が残っているが、その最初に、「此は是れやまと国、上宮王（太子のこと）私に集むるところにして、海のかなたの本に非ず」と記され、独創的矜持を示されている。太子が重んじられた梁の法雲の註疏などについても、毎に「私に懐うには」とか、「私の意は」とか、「今は」とか、一向旧註にかかわらず、自主的見解を立てられ、特に「山間に就き、常に座禅を好む」（義疏巻四）出家仏教に対して、あくまで在家仏教を採られたことは、非常な卓見である。

外交上も独立自主の国家的権威を堅持して、推古天皇十六年（六〇八）九月、「隋の煬帝に贈るの書」の冒頭、「東天皇敬んで西皇帝に白す」とされたことは、史上有名な語り草である。

太子の十七条憲法は、当時の社会的実情に照らして研究すると、その真意を深解することができる。

## 十七条憲法（原漢文）

一に曰く

和を以て貴しと為す。忤うことなきを宗とせよ。人みな党ありて、また達れるもの少なし。是を以て、或は君父に順わずして、乍隣里に違う。しかれども、上和ぎ、下睦びて、事を論ずるに諧えば、則ち事理おのずから通じ、何事か成らざらむ。

〔第一条の解〕

人間にとって、和が大切である。我意を張って、人に忤ってはならぬ。人間はとかく徒党を組んで悪をはたらき、なかなかもののわかった者は少ない。それであるから、あるいは君や親に従順でなかったり、あるいは近所の人々と仲たがいしたりする。けれども上の者が和やかな気持を以て下の者に接し、下の者も親しみを以て上と仲好くすれば、何事を論じても、しっくりするようになるものである。上下一般のものが、皆かような気持を以て和合したならば、おそらく何事でも成就しないものはない。

二に曰く

篤く三宝を敬え。三宝とは仏・法・僧なり。則ち四生の終帰、万国の極宗なり。何れの世、何れの人か、この法を貴ばざる。人尤だ悪しきものは鮮し。よく教うれば、これに従わむ。其れ三宝に帰せずんば、何を以てか枉がれるを直くせむ。

〔第二条の解〕

篤く三つの宝を敬いなさい。三宝とは仏と法と僧である。仏は師と仰ぐべきものであり、その説かれた教法は、人の依るべき道であり、またその僧徒は教えをひろめ、供養を営むものであるから、昔からこの三つを特に三宝として、敬ってきたのである。人間はもちろんのこと、四生（胎生・卵生・湿生・化生の四種生物をいう）といわれる鳥・獣・虫けらも結局これに帰し、あらゆる国も究極この教えをいただかねばならぬ。いったい人間というものは、その本来からいえば、そんなに悪人はおらないのである。よく真理を説いて教えれば、これに従うものである。仏法に帰依しなければ枉がったことを直すということはできるものではない。

三に曰く

詔を承りては、必ず謹め。君は則ち天なり、臣は則ち地なり。天覆い地載せて、四時順り行き、万気通ずるを得。地、天を覆わむと欲するときは、則ち壊を致さむのみ。是を以て、君言えば、臣承り、上行えば下靡く。故に詔を承りては、必ず慎め。謹まずんば、自ら敗れむ。

〔第三条の解〕

いったん天皇の詔勅が下ったならば、臣下たる者は、必ず謹んでこの旨を服膺実行せねばならぬ。君臣の関係をたとえていえば、君は天であって、臣下は地である。天は上から覆い、地は万物を載せるという自然の理が正しく行なわれておれば春夏秋冬も順調にゆき、万物は自然の法則のままに正しく生成変化する。一たびこの法則を破って、逆に地が天を覆うとすれば、たちまち大地みずからが壊れてしまうであろう。それであるから一たび天子が命令されたことは、臣下は、その旨に添うように努力し、また天子が実践されることは、下の者もこれに従うようにせねばならぬ。即ちいったん詔勅が下ったならば、謹んでこれを奉体、実行すべきである。かりにも詔勅に背くような不謹慎な行ないがあったならば、それは結局、自らを亡ぼす結果となるであろう。

四に曰く

群卿百僚、礼を以て本とせよ。其(そ)れ民を治むるの本は、要 礼に在(あ)り。上 礼なきときは、下斉(ととの)わず。下 礼なきときは、以て必ず罪有り。是を以て、君臣礼有れば、位次乱れず。百姓礼あれば、国家自ら治まる。

〔第四条の解〕

諸役人は、礼を根本にせよ。元来人民を治める本は、必ず礼にある。もし上、為政者が、礼を重んじなかったならば、下、人民もこれにならって、社会の秩序が保たれないであろう。人民の間に礼がなかったならば、必ず罪悪が行なわれるに相違ない。それであるから君臣の間に礼が正しく行なわれておれば、官位の順序も乱れず、したがって官紀も正しく維持されるであろうし、また人民の間に礼が行なわれておれば、国家は自然に治まるのである。

五に曰く

饕(てつ)（貪食すること）を絶(た)ち、欲を棄てて、明らかに訴訟を弁ぜよ。其(そ)れ百姓の訟(うったえ)は、一日に千事あり。一日すら尚爾(なおしか)るを、況(いわ)んや累歳をや。頃(このご)ろ、訟を治むるもの、利を得るを常となし、賄を見て讞(げん)（判決を再審する）を聴く。すなわち財ある者の訟は、石を水に投ぐるが如く、乏しき者の訟は、水を石に投ぐるに似たり。是を以て、貧民は則(すなわ)ち由(よ)るところを知らず、臣道も亦、焉に於て闕く。

裁判に当たる役人は、特に貪婪の心を捨てて、もっとも公明正大に人民の訴訟を裁かねばならない。いったい、人民の訴えというものは、毎日たくさんあるのであるから、年月を累ねると、多くの事件が堆積することとなる。聞くところによると、このごろの裁判官は、私利をはかることを常とし、賄賂の多少によって、裁判を手加減しておるということである。財ある者の訴えは、石を水に投げると反響があるように、ただちに有利に解決をつけてやり、その反対に貧しい者の訴えは、水を石に投げつけても、何の反応もないのと同じく、一向手ごたえがないということである。それでは貧乏人たちは頼るところがなくて、結局臣たる者の道も立たぬことになるのである。

〔第五条の解〕

六に曰く

悪を懲らし善を勧むるは、古の良典なり。是を以て、人の善を匿すことなく、悪を見ては、必ず匡せ。其れ諂い詐るものは、則ち国家を覆すの利器たり。人民を絶つの鋒剣たり。また佞媚する者は、上に対しては、則ち好みて下の過を説き、下に逢いては、則ち上の失を誹謗す。其れかくの如き人は、みな君に忠なく、民に仁なし。是れ大乱の本なり。

〔第六条の解〕

悪を懲らし、善を励ますということは、古来の良い法則である。役人は人の善い行ないを匿すことなく、悪を見つけた場合はこれを糾明して、復び悪をさせぬように救わねばならぬ。おべっかをつかい、いつわりを言うようなことは国家を覆すに役立つもので、人民を不幸な目に遇わせる鋒となり剣となる。へつらい媚びる者は、上に向かっては下の者の悪口をいい、下に向かっては、上の悪口をいうものである。こういう人間は、君に忠節の心がなく、また人民に対して、仁愛の心を持たない者で、国家大乱の本である。

## 七に曰く

人、各々任あり。掌ること宜しく濫れざるべし。其れ賢哲官に任ずれば、頌音則ち起こり、奸者官を有つときは、禍乱則ち繁し。世に生知（苦労せず自然に頭がきくこと）少なれども、剋念えば聖と作る。事大小となく、人を得れば、必ず治まり、時急緩となく、賢に遇えば、自ら寛なり。此に因りて、国家永く久しくして、社稷危うきこと勿し。故に古の聖王は、官の為にして以て人を求め、人の為に官を求めたまわざりき。

〔第七条の解〕

官吏というものには、それぞれの任務がある。これをみだってはならない。賢明な人が官に任ずれば、人民から礼讃が起こるし、反対に、奸邪な者が役職につけば、いろいろな禍や乱を生ずる。世に生知（自然によくできる）の人は少ないが、克く考えて、立派にならねばならぬ。また事も大小となく、適所に適材を得たならば、必ず治まるものであり、また世の中が無事の時でも、非常の時でも、賢人が政治の衝に当たったならば、おだやかに治まる。これによって国家は永続し、世の中は安泰である。それであるから、古の聖王は、官のために人材を求められたのであって、決して人のために官を求めはしなかったのである。

八に曰く

群卿百僚、早く朝して晏く退け。公事盬にする靡かれ。終日にても尽くしがたし。是を以て、遅く朝すれば、急なるに逮ばず、早く退けば、必ず事尽くさず。

〔第八条の解〕

諸臣は朝早く出勤して、日暮れて退出するように心がけよ。官の仕事というものは、おろそかにできないもので、一日中かかっても、なかなか尽くせるものではない（『詩経』唐風の語である）。故に朝おそく出勤したのでは、満足に事務の処理のできようはずがなく、また早く退庁するようでは、必ず仕事がし尽せず、職務怠慢となる。

九に曰く

信はこれ義の本なり。事毎に信あれ。其れ善悪成敗は、要、信にあり。群臣共に信あれば、何事か成らざらむ。群臣信なくんば、万事悉く敗れむ。

〔第九条の解〕

信があって義が立つのである。何事にも、すべて信がなければならぬ。善悪とか成功失敗は、要するに、この信があるかないかによって決まるのである。群臣互いに信があったならば、何事でも必ず成就しないことはない。群臣に信なければ、万事失敗である。

十に曰く

忿を絶ち、瞋を棄てて、人の違うを怒らざれ。人みな心あり、心おのおの執ることあり。彼、是なれば、則ち我、非なり。我、是なれば、則ち彼、非なり。我必ずしも聖にあらず、彼必ずしも愚にあらず。共にこれ凡夫のみ。是非の理、詎か能く定むべけむや。相ともに賢愚なること、鐶の端なきが如し。是を以て、彼の人瞋るといえども、還ってわが失を恐れよ。われ独り得たりといえども、衆に従って同じく挙え。

〔第十条の解〕

心中に怒りを含み、目を稜たてぬようにせよ。人が自分に違うからとて怒ってはならない。人皆心がある。それぞれ意見をもっている。彼が正しい場合は、こちらがまちがっているのである。彼がまちがっておれば、こちらが正しいのである。こちらも賢とはかぎらず、人も愚とはかぎらない。共に凡夫にすぎない。是非善悪は容易に定められるものではない。互いに賢愚といっても、円い鐶に両端のないのと同じで、要するにお互いさまである。こういう次第であるから、人が瞋った時もよく自分を反省し、また自分ひとりこれでよいと思っても、異を立てずに、たいていのことは衆に従って同じようにやるがよい。

十一に曰く

明らかに功過を察し、賞罰必ず当くせよ。日者、賞は功に在いてせず、罰は罪に在いてせず。事を執るの群卿、宜しく賞罰を明らかにすべし。

〔第十一条の解〕

功績や過失を公明に調べて、それぞれ賞罰当を失わぬようにせよ。近来功もないのに賞し、罪もないのに罰するようなことが行なわれている。当局者は賞罰を明らかにせよ。

十二に曰く

国司・国造、百姓より斂めとること勿れ。国に二君非く、民に両主無し。率土の兆民、王を以て主となす。任ずるところの官司は、みなこれ王臣なり。何ぞ敢えて公の与に百姓を賦斂せむや。

〔第十二条の解〕

国司や国造等は、勝手に人民から税物をとりたててはならぬ。国家に二君なく、民に二人の主人はない。日本中の人民は、天皇を以て主とする。任ずるところの役人はみな天皇の臣である。国司や国造が公職にある身を以て私に徴税をなすようなことはできるものではない。

十三に曰く

諸の官に任ずる者は、同じく職掌を知れ。或は病し、或は使して、事に闕くることあり。しかれども、知ることを得る日には、和すること曾てより識れるが如くせよ。其れ与り聞くこと非しというを以て、公務を妨ぐること勿れ。

〔第十三条の解〕

諸役人は、同僚の仕事をもよく知りなさい。誰も、病気をしたり、あるいは使いに出されたりして、仕事のできないことがある。かような場合、同僚は頼まれたら、気持よく、前から関係しておったと同じように手を貸さねばならぬ。自分は関係がないといって、公務に支障を来させるようなことがあってはならぬ。

十四に曰く

群臣百僚、嫉妬あることなかれ。われ既に人を嫉まば、人またわれを嫉まむ。嫉妬の患、その極みを知らず、所以に智、己に勝れば、則ち悦ばず。才、己に優れば、則ち嫉妬す。是を以て、五百歳の後、乃ち賢に遇わしむとも、千載にして以て、一聖を待つこと難し。

其れ聖賢を得ざれば、何を以てか国を治めむ。

〔第十四条の解〕

役人というものは、人を嫉み妬む心があってはならない。自分が人を妬むと、人もまた我を妬むであろう。かような嫉妬心の弊害は、実にきりのないものであって、頭が自分より良ければ、面白くなく、才能が自分にまさっていれば、また妬む。賢人は五百歳に一人ということもあり、聖人は千年にして一人を得がたいということもある。しかしそのすぐれた人物を得なければ、どうして国を治めることができようか。

## 十五に曰く

私に背きて公に向かうは、是れ臣の道なり。凡そ人、私あれば必ず恨みあり。憾あれば、必ず同じうせず。同じうせざれば、則ち私を以て公を妨ぐ。憾起これば、則ち制に違い、法を害う。故に初章に曰く、上下和諧せよと。其れまた是の情なるか。

〔第十五条の解〕

私を去り、公につくということが、臣たる道である。いったい人間というものは、私心私欲があれば、必ず不満・恨みがある。人にこれがあると、和することができない。和することができないと、私心を以て公事を妨げる。そして法をやぶり制にそむくようなこととなる。この憲法の第一条に「上下和諧せよ」と言ったのはこのことである。

十六に曰く

民を使うに時を以てするは、古の良典なり。故に冬月、間あれば、以て民を使うべし。春より秋に至るまでは、農桑の節なり。民を使うべからず。其れ農せざれば、何をか食せむ。桑とらずむば、何をか服む。

〔第十六条の解〕

「民を使うに時を以てす」というのは古の良い法則である（『論語』学而篇）。人民を公役に使うに際しては、特に時季ということをよく考えねばならない。冬の間は、いったいに農業も暇であるから、人民を賦役に使う場合は、なるべくこの間を利用して、人民に迷惑をかけないようにせよ。春から秋までは農蚕業の多忙な時である。人民を使役してはならない。もし人民が農耕にいそしまなかったならば、国民は何を食って生きるか。また養蚕をしなかったならば、何を着てゆけるであろうか。

十七に曰く

大事は独り断ずべからず。必ず衆と与に宜しく論ずべし。小事はこれ軽し、必ずしも衆とすべからず。ただ大事を論ずるに逮びては、若し失あらむことを疑う。故に衆と与に相弁ずるときは、辞則ち理を得む。

〔第十七条の解〕

国家の大事は、決して独断してはならぬ。必ず衆人と合議せよ。尤も些細なことは、必ずしも、いちいち衆議にかけなくともよろしい。ただ大事に論議するに当たっては、過失があってはならぬから、衆とともに十分論議を尽くせば、筋道が立つであろう。

これを通読する時、第一に「和を以て貴しと為し」、第十条に「忿を絶つ」べきことを教え、第十四条に「嫉妬」を戒め、第十五条に「私怨を以て公務を妨げず、上下和諧」すべきことを重ねて力説されたことは、太子の当時、何人にも骨身に響く教訓である。第四条に「礼を以て本と為す」こと、つまり秩序を重んじ、特に君臣の分を明らかにし、承詔必謹(第三条)を説いて、豪族の専横を抑え、天皇の権威の確立を図られたことも、思いきった強い信念態度といわねばならぬ。地方長官が公私を乱り、不合理を行なうことを戒め(第十二条・第十六条)、司法の原則を正し(第五条)、独裁専制を排して、衆議政治の必要(第十七条)を提唱された点など、実に偉大な先覚といわねばならぬ。これは表現形態を変えれば、今日もなお痛切に当てはまるものである。

# 第十一章　佐藤一斎と重職心得箇条

知識と技術の進歩は人間の機械化を強めた。組織と大衆の社会はだんだん人間の個性と自由とを没却してゆく。かくして近代人は知らず識らず個人的内容と権威とを失ってゆくが、そのままでは人間社会は停止し解体してしまうほかはない。結局人間が創造し、運営するのである。そこで右のような傾向の半面、専門化が発達し、少数の指導者、時によると大衆を専制独裁する新体制すら生まれてくる。政治も経済も、もはや機械的な事務や管理ではいけなくなった。そこにはもっと生きた政治や、経営が要るようになった。しかしこのことは程度や形態の差こそあれ、昔も今も変わらぬことである。この機械的な事務や管理でなく、政治・経営に当たって、大規模で複雑な綜合体――大和的関係を動かしてゆく者を重職（役）という。重役になると、もはや単なる知識や技術では済まない。人間内容、つまり徳や叡智や力量がものをいう。

幕末天保・弘化の頃、幕府教学の大宗であった佐藤一斎（諱は坦、字は大道、通称捨蔵、美濃岩村藩出身）が、その出身地である岩村の松平藩のために作った「重職心得箇条」なるものが十七条ある。聖徳太子の十七条憲法に比して、いっそう具体的・実務的で、熟読玩味して会得すれば、政治家たると、実業家たると、何たるとを問わず、およそ人を用いる職責にある者にとってははなはだ有益である。

## 重職心得箇条（各条とも先に現代語による要約を示し、次に原文を記す）

一　重役というのは国家の大事を取り計らうべき役のことであって、重の一字を失い、軽々しいのは悪い。どっしりと人心や物事を鎮定するところがなければ重役の名に叶わぬ。小事にこせついては大事に手抜かりができる。瑣末を省けば自然と大事に手抜かりがなくなる道理である。政事は名を正すことから始まる。まず「重役大臣とは何ぞや」から正してゆかねばならぬ。

一　重職と申すは、家国の大事を取計（とりはからう）べき職にして、此（この）重の字を取失ひ、軽々しきはあしく候。大事に油断ありては、其職を得ずと申すべく候。先づ挙動言語より厚重にいたし、威厳を養ふべし。重職は君に代るべき大臣なれば、大臣重うして百事挙るべく、物を鎮定する所ありて、人心をしづむべし、斯（かく）の如くにして重職の名に叶（かの）ふべし。又小事に区々たれば、大事に手抜あるもの、瑣末を省く時は、自然と大事抜目（ぬけめ）あるべからず。斯の如くして大臣の名に叶ふべし。凡そ政事は名を正すより始まる。今先づ重職大臣の名を正すを本始となすのみ。

二　大臣の心得は部下の考えを尽くさせて、これを公平に裁決するところにある。部下を引き立て、気合が乗るように使わねばならぬ。自分に部下のより善い考えがあっても、さして害のない事は部下の意見を用いた方がよい。些少の過失によって人を棄てず、平生嫌いな人間を能く用いてこそ手際である。自分流儀の者ばかり取るなどは、水へ水をさす類いで調理にならぬ。

二　大臣の心得は、先づ諸有司の了簡を尽さしめて、是を公平に裁決する所其職なるべし。もし有司の了簡より一層能き了簡有りとも、さして害なき事は、有司の議を用るにしかず。有司を引き立て、気乗り能き様に駆使する事、要務にて候。又些少の過失に目つきて、人を容れ用る事ならねば、取るべき人は一人も無之様になるべし。功を以て過を補はしむる事可也。又賢才と云ふ程のものは無くても、其藩だけの相応のものは有るべし。人々に択り嫌いなく、愛憎の私心を去て用ゆべし。自分流儀のものを取計るは、水へ水をさす類にて、塩梅を調和するに非ず。平生嫌ひな人を能く用ると云ふ事こそ手際なり。此工夫あるべし。

三　祖法というものは失ってはならぬが、仕来り・仕癖というものがある。これは時に従って変えてよい。しかるにこれに拘泥しやすいものであるが、時世につれて動かすべきを動かさねば大勢は立たぬ。

三　家々に祖先の法あり。取失ふべからず。又仕来仕癖の習あり、是は時に従て変易あるべし。兎角目の付け方間違ふて、家法を古式と心得て除け置き、仕来仕癖を家法家格などと心得て守株せり。時世に連れて動かすべきを動かさざれば、大勢立ぬものなり。

四　問題を処理するには、時宜を考えてまず自身の案を立て、それから先例古格を参考せよ。自案なしにまず先例から入るのが役人の通弊である。

四　先格古例に二つあり、家法の例格あり、仕癖の例格あり、先づ今此事を処するに、斯様斯様あるべしと自案を付、時宜を考へて然る後例格を検し、今日に引合すべし。仕癖の例格にても、其通りにて能き事は其の通りにし、時宜に叶はざる事は拘泥すべからず。自案と云ふもの無しに、先づ例格より入るは、当今役人の通病なり。

五　機に応ずということがある。何によらず後から起こることは予め見えるものである。その機の動きを察して、拘泥せずに処理せねば、後でとんと行き詰まって困るものである。

五　応機と云ふ事あり肝要也。物事何によらず後の機は前に見ゆるもの也。其機の動き方を察して、是に従ふべし。物に拘りたる時は、後に及でとんと行き支へて難渋あるものなり。

六　公平を失うては善いことも行なわれぬ。物事の内に入ってしまっては大体が分からぬ。しばらく捕らわれずに、活眼で全体を洞察せねばならぬ。

六　公平を失ふては、善き事も行はれず。凡そ物事の内に入ては、大体の中すみ見へず。姑く引除て、活眼にて惣体の体面を視て中を取るべし。

七　衆人の心理を察せよ。無理・押し付けをするな。苛察を威厳と認めたり、好むところに私するのは皆小量の病である。

七　衆人の圧服する所を心掛べし。無利押付の事あるべからず。苛察を威厳と認め、又好む所に私するは皆小量の病なり。

八　重役たる者は忙しいと言うべきでない。ずいぶん手すき、心の余裕がなければ、大事にぬかりができるものである。重役が小事を自らして、部下に任すことができないから、部下が自然ともたれて、重役が忙しくなるのである。

八　重職たるもの、勤向繁多と云ふ口上は恥べき事なり。仮令世話敷とも世話敷と云はぬが能きなり、随分手のすき、心に有余あるに非れば、大事に心付かぬもの也。重職小事を自らし、諸役に任使する事能はざる故に、諸役自然ともたれる所ありて、重職多事になる勢あり。

九　刑賞与奪の権は部下に持たせてはならぬ。これは厳しくして透間あらせてはならぬ。

九　刑賞与奪の権は、人主のものにして、大臣是を預るべきなり、倒に有司に授くべからず。斯の如き大事に至ては、厳敷透間あるべからず。

十　政事は大小軽重の弁、緩急先後の序を誤ってはならぬ。眼を高く着け、全体を見回し、両三年、四、五年乃至十年の計画を立て、手順を追うて施行せよ。

十　政事は大小軽重の弁を失ふべからず。緩急先後の序を誤るべからず。徐緩にても失し、火急にても過つ也。着眼を高くし、惣体を見廻し、両三年四五年乃至十年の内何々と、意中に成算を立て、手順を逐て施行すべし。

十一　胸中を豁大寛広にすべし、つまらぬ事をたいそうらしく心得て、こせこせしてはならぬ。包容力こそ大臣の体というべきである。

十一　胸中を豁大寛広にすべし。僅少の事を大造（大層）に心得て、狭迫なる振舞あるべからず。仮令才ありても其用を果さず。人を容るる気象と物を蓄うる器量こそ、誠に大臣の体と云ふべし。

十二　大臣たる者胸中に定見あって、見込んだ事を貫き通すべきはもちろんであるが、また虚心坦懐に人言を取り上げて、さっと（沛然）一時に転化すべきこともある。これができないのは我意の弊を免れない。

十二　大臣たるもの胸中に定見ありて、見込たる事を貫き通すべき元より也。然れども又虚懐公平にして人言を採り、沛然と一時に転化すべき事もあり。此虚懐転化なきは我意の弊を免れがたし。能々視察あるべし。

十三　政事に抑揚の勢を取るということあり、部下の間に釣り合いを持つということがある。これをよく弁えねばならぬ。此のところ手に入って、信を以て貫き、義を以て裁してゆけば、成し難い事とてはないであろう。

十三　政事に抑揚の勢を取る事あり。有司上下に釣合を持事あり。能々弁ふべし。此所手に入て信を以て貫き義を以て裁する時は、成し難き事はなかるべし。

十四　政事といえば、拵えごと、繕いごとにばかりなるものである。何事も自然の顕れたままでゆくのを実政というのであって、役人の仕組むことはみな虚政である。老臣などこの風を始めてはならぬ。

十四　政事と云へば、拵へ事繕ひ事をする様にのみなるなり。何事も自然の顕れたる儘にて参るを実政と云ふべし。役人の仕組事皆虚政也。老臣など此風を始むべからず。大抵常事は成べき丈は簡易にすべし。手数を省く事肝要なり。

十五　風儀というものは上より起こるものである。特に表裏のひどいのは悪風である。何分このむつかしい、いかがしみを去り、事の顕れたままに公平に計らう風を挽回したいものである。

十五　風儀は上より起るもの也。人を猜疑し蔭事を発き、たとへば誰に表向斯様に申せ共、内心は斯様なりなどと、掘出す習は甚あしし。上に此風あらば、下必其習となりて、人心に癖を持つ。上下とも表裏両般の心ありて治めにくし。何分此六かしみを去り、其事の顕れたるままに公平の計ひにし、其風へ挽回したきもの也。

十六　物事を隠す風儀は甚だ悪い。機密ということはもちろん大切であるが、明けっ放していいことまでも包み隠しする時は、かえって衆人に探る心を持たせるようになるものである。

十六　物事を隠す風儀甚あしし。機事は密なるべけれども、打出して能き事迄も韜み隠す時は却て、衆人に探る心を持たせる様になるもの也。

十七　政の初は年に春のあるようなものである。まず人心を一新して、元気に愉快なところを持たすようにせよ、刑賞も明白なれ。財政窮迫しておるからといって、寒々とした命令ばかりでは、結局行き立たぬことになろう。この手心で取扱いありたきものである。

十七　人君の初政は、年に春のある如きものなり。先人心を一新して、発揚歓欣の所を持たしむべし。刑賞に至ても明白なるべし。財帑窮迫の処より、徒に剥落厳沍の令のみにては、始終行立ぬ事となるべし。此手心にて取扱あり度ものなり。

# 第十二章　康有為と大同思想

「大和」ということについて連想することは「大同」という中国思想である。中華民国革命の父といわれる孫文も、その三民主義の中で、その政治理想を「大同」にかけている。孫文の前に、清末戊戌（明治三十一年）の革命に失敗して、数奇の運命に終わった康有為（注）の名著に『大同書』がある。その前、有名な洪秀全の革命争乱とその太平天国建設の理想もこの大同にあったといわれている。これは主として五経の一つ、『礼記』の礼運篇にある大同・小康の説に基づくものである。

## 大同

大道の行なわるるや、天下を公と為し、賢を選び、能に与し、信を講じ、睦を脩む。故に人は独り其の親を親とせず。独り其の子を子とせず。老をして終うるところ有り、壮をして用いるところ有り、幼をして長ずるところ有り、矜・寡・孤・独・廃疾の者をして皆養うところ有らしむ。男は分有り。女は帰有り。貨は其の地に棄てんことを悪むも、必ずしも己に蔵めず。力は其の身より出ださざらんことを悪むも、必ずしも己のためにせず、是の故に謀閉じて興らず。盗窃乱賊も作らず。故に外戸も閉さず。是を大同と謂う。

## 小康

今大道既に隠れて、天下を家と為し、各々其の親を親とし、各々其の子を子とし、貨力己が為にす。大人は世及以て礼と為し、城郭溝池以て固めと為し、礼儀以て紀と為し、以て君臣を正し、以て父子を篤くし、以て兄弟を睦み、以て夫婦を和らげ、以て制度を設け、以て田里を立て、以て勇知を賢び、功を以て己の為にす。故に謀、是を用って作り、兵、此れに由って起こる。禹・湯・文・武・成王・周公此れに由って其れ選る。此の六君子、未だ礼を謹まざる者有らず。以て其の義を著し、以て其の信を考し、有過を著し、仁に刑り、譲を講じ、民に常有るを示す。如し此れを由いざる者有れば、勢に在る者も去り、衆以て殃と為す。是れを小康と謂う。

『礼記』は後漢の中葉に編纂されたものと見られているが、この文章については、孔子とその弟子である子游の問答を録したもの、老荘思想の混入したもの、墨家思想の影響などいろいろ論じられているが、そういう考証は舍いて、ここではこの思想の影響の下に、清朝末期、熱烈な宗教的精神を以て、苦悩の深い人類のために理想社会の建設を考えて、まず清末国政の大変革を企図した康有為〔注〕について記してみた。

〔注〕康有為は清の咸豊八年（一八五八）、広東の南海県に生まれた。よって南海先生と呼ばれている。字は広廈、自ら長素と号した。民国革命後十六年（一九二七）没。年七十。

有為が二十七歳（一八八四）青春多感の頃、フランス軍による広東侵略があり、彼は郷里の西樵山北の家に乱を避けて幽居し、国難と民苦に深く感憤したのが、その理想国建設の思索の始まりである。その後さらに彼の感憤を高めたものは新興日本の偉業であり、彼は熱心に明治維新を研究し、吉田松陰の松下村塾の教育にいたく共鳴して、広州の長広里に三十五歳（一八九一年、日清戦争の三年前）の時、自ら万木草堂を開設して、青年子弟に学を講じた。後に名高い梁啓超や陳千秋はこの時彼の門に学んだ者である。そして彼から初めて大同の説を聞いて心酔した。

前記「礼運篇」の文章を解説してみると、大同・小康ともに漢民族の強い尚古思想の描くユートピアである。ただしこの尚古思想を単なる古代へのノスタルジアと考えることは妥当でない。中国人は非常に現実――リアルを重んずる特性を持っており、理想といえども、これを西洋人のように未来に描くのでは耐えられない。これを祖先の偉大なる人々によって、かつて実践されたものとせねば納まらないのである。これは中国思想を正解する上での大切な問題である。

さてこの大同の方を読むと、この時代の世の中は大道が行なわれて、そのために十の特徴があることを列挙している。

一、「天下を公と為す」。即ち世の中に対して私有観念を持たない。

二、「賢を択び、能に与する」。即ち私心・嫉妬心・権力欲・支配欲などを持たない。聡明な人間・有能な人間を公平に認識し、推挙する。

三、「信を講じ、睦を修む」。人々が相信じ、相親しむことを主眼とする。

四、個人的な私ばかりでなく、家としての私、即ち私家の観念がなく、老・壮・幼それぞれ、また老いて妻なき者（矜・鰥も同じ）も、同じく夫なき者（寡）も、子のない者（独）も、幼くして親のない者（孤）も、廃疾の者も、皆それぞれ生きる道を与えられる。

五、男には身分があり、女は結婚ができる。

六、財貨をむだにはしないが、必ずしも私蔵はしない。
七、勤労は各自せねばならぬこととするが、必ずしも利己的目的ではしない。
八、人の目をくらまして、私心私欲のために何事かをたくらむというようなことが生じない。
九、強・窃盗、騒乱、殺傷なども生じない。
十、戸じまりなどもしない。

これに対して、そういう大道はすでに隠れてしまったが、まだ人間の平和が保たれている世の中を小康と称し、その特徴を十二カ条挙げている。

一、天下を家とする。即ち天下を公とするに比べて、生活の根本を家に置く。
二、各自その親を親とし、その子を子とする。即ち人類愛・平等愛から親疎の区別が始まる。
三、財貨も、勤労も自己のためにする。
四、支配者はその地位を世襲することを以て秩序とし、
五、防衛施設を固くする。

六、礼義を立てて統制する。
七、君臣・父子・兄弟・夫婦等の人倫を正しく睦まじいものにする。
八、法令制度を整える。
九、実行力のある者、頭のはたらく者を賢とする（大同の徳本位よりも功利的である）。
十、利己的目的で成果をあげる。
十一、いろいろのたくらみが起こる。
十二、武力ができる。

こうして禹王・湯王・文王・武王・成王・周公というような傑出した人々が生じた。しかしこれらの人々は、まだ人間関係の秩序・調和即ち「礼」というものを大切に考えない者はなかった。そして人はいかになすべきか〔義〕を明らかにし、人がこれなくしては存在することのできない「信」というものを考えぬいて確立し、何が罪過であるかをはっきり教え、「仁」を典型とし、人々相譲ることを理解させ、民に不変の徳を示し、もしこれに由(よ)らぬ者があれば、どんな勢力の地位に在(あ)る者も退け、民衆もそういう者は人間の殃(わざわい)とした。

この思想の特徴の一つは、人間に私心が生ずるようになったことが堕落の始まりであるとしておることで、そのために禹・湯・文・武・成の諸王、周公旦のような選れた人々即ちエリートが生じて、その道義政治のおかげで、社会は小康を保つことを得たが、本来エリートが出ねばならぬことは理想の状態ではなく、個人が私を持たず、個人がその自主性を保ちながら、全体に渾然と融けこんでおる（公）大和、近代で言うならば、たとえばO・ギールケ（ドイツの法学者・社会学者Otto Gierke〈1841～1921〉。「ゲノッセンシャフト理論」「人間的結合の存在様式」等の大著がある）が考えた「一と多との全における調和的結合」を理想としておることである。康有為はこの大同や春秋公羊学〔注〕の研究から、彼の理想社会建設案を思索した。

〔注〕五経の一つになっている『春秋』には五種の解説があったが、その二つは早く世に伝わらなくなり、三種（三伝）が残った。「左氏伝」が後世もっとも有名であるが、他は「穀梁伝」と「公羊伝」とである。そのうち「公羊伝」はつとめて大義名分を説いて、孔子の遺意を発揮しようとしたもので、漢初に行なわれたが、清朝になってまた盛んに研究された。荘存輿、劉逢禄、宋翔鳳、王闓運、廖平らが代表的であるが、康はこの廖平から大なる影響を受けた。

日清戦争は清朝（しんちょう）の積弊を暴露して、西洋諸国の侵略的利権競争を激甚にした。そのために国論沸騰して、朝野に国家維新の要望が喧（かまびす）しくなった。年若い皇帝の徳宗も革新の志に燃えたが、帝が四歳の時、これを擁立して威権をほしいままにしてきた伯母の西太后（せいたいごう）が、まだ勢力を握って、宮廷政治はまったく頽廃しきっていた。この時（明治三十一年戊戌）康有為は、明治天皇の新興日本に倣（なら）って、立憲君主制の近代国家を建設すべしとする熱烈な案を上奏した。皇帝は大いに共鳴して、ついに一大革新（変法自彊（じきょう））を決意し、彼を総理衙門事務取扱とし、彼の同志譚嗣同（たんしどう）ら四人を最高政治機関である軍機処に破格の重用をして、庶政一新に着手した。

まず冗兵・冗官の廃止から、冗費の徹底的節約、新しい学問技術の導入、正確な情報の収集を始め、思いきった政策を採ったが、あまりに急進的で、かつ外国の模倣にすぎ、民族の伝統・感情を無視しすぎたこと、および実際において、康有為をはじめ、譚・梁ら局に当たった新人が、頭は良かったが、人間が軽くて権威がなく、革新派は青年皇帝を擁し、守旧派は西太后に依（よ）り、孩子（がいし）班と老母班との猛烈な抗争となった結果、ついに孩子班は敗れて、皇帝は幽閉され、康は香港に逃れ、梁は日本に脱出し、譚は非命に斃れた。これを戊戌政変という。時に有為は四十二歳であった。

その後彼は海外に亡命すること十六年、十三カ国を放浪し、民国二年（大正二年・一九一三）久しぶりに故国に帰ったが、新たに孫文派が時を得て、彼は時世と相容れず、民国六年七月、宣統帝の復辟を策して失敗し、民国十三年、不遇の裡に六十八年の一生を終わった。

彼の新大同世界建設の構想によると、

現在の諸国家をだんだんに解体合一し、全世界を一丸として、十州に分かち、中央政府を置き、その下に地方政府を置く。

軍備は撤廃する。

行政に当たる者はすべて選挙による。

家族制度を廃し、男女同棲は一年以内とする。

世界の言語・文字・度量衡を統一する。

財産および産業の私有を廃し、一切を公営にする。

妊婦はすべて胎教院に入れ、生児は育嬰院に収容して、養育する。

就学年齢に達した児童は蒙養院に入れ、初等教育を与え、漸時才能に応じて適当に進学させる。

成年に達した者は、政府の命令によって各種の業務に配属される。

病人のためには養病院、老人のためには養老院を設け、福祉施設を厚くする。
成年男女は一定期間、福祉施設に勤務せしめる。
宿舎・食堂を公営する。
怠惰には厳刑を以てし、勤労を奨励する。
学術その他公共の奉仕に功績をあげた者は厚く表彰する。
死者は火葬に附し、火葬場に肥料工廠を設置する。

詳説の要はないので略するが、ここに一つ興味を引くことは、マルクス・レーニン主義に基づくソ連や中共等の共産主義国家の施策と、『礼記』の大同や『春秋』公羊学のまったく精神主義から出発した康有為の理想世界建設構想とが、形式・体制においてははなだ似通っていることである。それとともに、いずれも長い因襲の間に生じた現実の積弊を憎んで、真実の人間性を求めながら、次第にドグマ・独断・臆説に走り、かえって真実の人間性を没却するに至っておることを注意せねばならぬ。自然と人間とを通ずる大和の理法を実践してゆくことは、あくまでも謙虚な反省と、研究と協調とを要するのである。

# 大和と日本民族文化

# 第十三章　日本の国号「大和」

## 国号としての大和

名というものは大切なものである。複雑な内容を統合して、全体的に表現するものであり、直観に訴える。キャッチフレーズやスローガンが喜ばれるのも同様の理による。故に名は軽々しく付けるべきものではない。「命名」という意味を、名を付けることと一般に軽く解されているが、それでは命の字を殺すものである。命は絶対性を表す文字で、この子に○○と命名するということは、この子にはこの名が絶対的によろしい。この名の表すごとき人物になれかし、この名の示す道理にしたがって生きよ、という厳粛な意味を寓するのである。

和銅六年の五月（元明天皇の御代、七一三年）の大命に、畿内七道から始めて諸国・郡・郷それぞれ名を付けるのに好い字を択（えら）べと布告され、日本の国名も従来多く「倭（わ）」とあったのを、孝謙天皇の天平勝宝年間（七四九～五七年）に改めて「大和」とされた。聖武天皇の天平九年（七三七）十二月には「大養徳国」と改定せられたこともあるが、十年後また「大倭国」に改められた。それが「大和」となって、天平宝字二年（七五八）二月の勅に、初めて「大和国」と用いられている。この次第を見ても、当局者が国号に苦心して、いかに大和の二字を重んじたかを察することができる。人間は皆不和のために悩み、不和のために破滅する。もし能く大和することができれば、民族も国家も平和と繁栄を楽しむことができる。まことに「和を以て貴しと為す」である。

## 倭・邪馬台

和の用いられる以前は前述のように「倭」字を用いて、「やまと」と呼んでいたのであるが、これについて古来諸説紛々である。シナでも、前漢書の地理誌をはじめ、旧唐書に至るまで、日本を常に「倭」を以て称している。本居宣長は、『説文解字』（後漢の許慎著）に倭は「順なる貌」とあり、前漢書地理誌に、「東夷天性柔順」とあることなどによって、倭人と呼ぶようになったのであろうといっているが（国号考）、漢書の東夷は特に日本を指すものではなく、山東地方から遼東半島・朝鮮・その他海島一帯を包含するものである。倭が順なる意味の時は、その音ゐ＝wiで、「わ」ではないが通用する。

江戸時代、天明四年（一七八四）、博多付近（筑前志賀島）から方七分八厘、厚さ三分、紫綬の金印が発見されたが、それに「漢委奴國王」と刻してある。専門家が考証の結果、傾聴すべき異論もあるが、まず信じてよい漢印と認められて、委奴国ということが問題になった。漢代の印綬には、金印朱綬と同紫綬、銀印青綬、黒綬または黄綬の銅印と三種がある。綬は印を腰に佩（お）びる組紐のことであるが、金印朱・紫綬は王侯や大臣大将に限られた貴重なものである。後は濫授されたようであるが、後漢書の光武本紀中元二年（五七）正月の記事に、「東夷倭奴国王、遣使奉献」とあり、同書の東夷伝にも、そのことが記され、「使人自称大夫。倭国之極南界也。光武賜以印綬」とある。倭奴（わど）と委奴（いど）との相違をどう解釈するか。これについていろいろの説が立てられた。

一説は委奴と倭奴とを別とし、委奴国は北九州の海陸交通の要衝であった伊都（筑前怡（い）土（と）郡）のことであり、この地を領した王が使いを派してその紫綬金印をもらったものと解釈する。

これに対して委奴と倭奴とは同じで、委は倭の省略である。倭奴国は倭奴の国ではなく、倭の奴の国で、筑前志賀島には古く「儺（な）」という国があった。儺と奴と音が相通ずるからそうなった。つまり倭奴国を日本九州の一土豪とする説がある。

第三は、倭と委とを同じとして、第一の伊都説を採るものである。許慎の『説文解字』

によれば、「倭」は「人」と「委」とから成り立ち、委は声を表す。唐の陸徳明の経典釈文にも「倭はもと委に作る（倭本作委）」と解説していることが論拠である。

第四は、倭奴・委奴を同一とするが、奴の字に具体的な意味はない。前漢時代、金印を与えられたものに匈奴（きょうど）がある。倭奴はこの匈奴と対照的に付けられた名称であろう。やはり漢朝の多分に優越感を含んだものと考えられるとする説である。

なお『魏志倭人伝』には、「倭人は帯方（今のソウル付近）の東南、大海の中に在（あ）り。山島に依って国邑を為す。旧百余国、漢時、朝見する者有り。今、使訳通ずる所三十国」として、対馬、一支、末盧、伊都、奴、不弥、投馬、邪馬台に到る道程を記している。これに奴の国が明記されている。そしてこの邪馬台を「やまと」のこととして、これが九州にあったことを証して、大和朝廷はこの邪馬台国が近畿に移ったものとする説もある。しかし魏志にある邪馬台が後、東遷して大和朝廷となったということは肯定することができない。

そういう考証は本書の主眼とするところではないので、付記した専門諸研究に委（ゆだ）ねるが、私は後漢時代には、九州から東遷して大和に建てられた朝廷が中央政府として存在しており、北九州諸国はその藩王的存在であったとする考えを採る。交通至難の古代に、はるばる漢の都の長安（前漢）や洛陽（後漢）に使いを派するということは非常な問題であり、一土豪の単独意志で行なえるものではない。それから金印紫綬は高級のもので、これを与えるのは、とにかく敬意の表明である。これらのことから、素直に解釈して、互いに言語のよく通じかねるところから、「貴国の国号は？」と問われて、わ（我）の国号ですかと反問したのを、「わの国」という国と早合点され、その「わ」に「倭」を用いたものとするなども、案外当たっておるかもしれない（北畠親房『元元集』、卜部懐賢『釈日本紀』等参考）。

奴は『魏志倭人伝』に、鬼奴国、蘇奴国、弥奴国など二十一国も載っているが、ほぼ九州各地に考定されている。やはり匈奴的称呼と見ることが当たっていよう。それで北九州あたりから出かけた使節から、大和朝廷の話を聞いた漢帝が、敬意を表して金印紫綬を贈ったのを、文字が面白くないと考えて、私蔵してしまったか、あるいは朝廷からつき返されて、やむを得ず棚ざらしにしたものと考えることは穏当でなかろうか。

日本を倭というのは漢から称せられたのを受け取ったものではない。漢文化の影響を受けていない『古事記』にもっぱら倭の字を用いており、対外的意味の強い『日本書紀』には「日本」が用いられておるから、倭は日本の自称であり、元来大和の中原の名称であった。そこで大和全国に用いられるようになって、大を加えて「大倭」となったのであると、本居宣長は説いている。井乃香樹氏もこの点を力説している（『日本国号論』）。

## やまと

倭の字の考証は別として、日本人自身は国造りの始めから「やまと」と称したのである。

大和の国は青山を四方にめぐらした要害の地で、中央に平野が開け、景色のよい農耕の沃地でもある。漢民族が山西の農耕地帯に勢力を養ったように、日本民族も神武天皇に率いられて、ここを目指した。その平原の中心が磯城地方で、豪族の兄弟（兄磯城・弟磯城）が蟠踞した。その北方には長髄彦が雄視していた。この磯城彦・長髄彦をあるいは撃滅し、あるいは帰順させて、彼らの武力の本拠であった磯城の磐余に堂々と君臨せられたので、天皇を神日本磐余彦尊と称されたのである。

「やまと」の語原については、山跡（『釈日本紀』『神皇正統記』）、山門（賀茂真淵、本居宣長）、あるいはアイヌ語で、ヤは接頭語、マトは讃称、高貴を意味するムチ、祥瑞を意味するミツなどと同根の語とするなど、諸説あるが、「やまと」は温和・平和な所を意味する「やはと」「やわと」であり、「しきしま（磯城島）のやはと」が「やまと」となり、後に「しきしま」がやまとの枕詞となった。「あきつしま」も、明つ島即ち明朗な土地で（これには秋穀豊穣の義とする説もあるが）、「日の下」あるいは「日の本」と感覚を生じ、「そらみつ」即ち大空のごとく高くめでたいという礼讃になったとする説に共鳴を覚える（井乃香樹氏

『日本国号論』）。その「やまと」に「倭」の字を日本人自ら当用するようになったのだとするのも否定はできない。『古事記』には神武天皇の東征を「言向け平和して」と説明しているが、日本人は元来暴力を避け、話し合いによる平和的解決を旨としたことも十分論証することができる。

## ニッポンとニホン

「やまと」を日本と言うのはいつからのことであろうか。前述のように、「やまと」と同時に、日の下、日の本という直観や言葉ができ、日の本の倭と枕詞に用いられるようになっていたのが、やがて「やまと」に日本を当てるようになり、神功皇后の頃から、この日本が対外的国号に用いられるようになった。これが明確に宣示せられたのは孝徳天皇の大化元年（六四五）のことである。『日本書紀』の撰修が始まったのは、天武天皇の終（七世紀末）であるが、その頃「日本」は常用されていたのである。

日本をニホンと訓むか、ニッポンと訓むか、これが一定しないで今日に及んでいる。明治時代もやかましく論ぜられたことがあるが、決定しなかった。古称はニホムで、平安朝時代はニホンが通行していたが、武士階級の勃興した頃から、東国的語音に合うニッポンが行なわれだし、戦国以降これが多く使われるようになってきた。キリシタン文献にもそれがよく表れている。

この国号統一・国名正称は昭和になってもたびたび議会の問題になっており、昭和九年三月二十二日、文部省国語調査会はニッポンとすることに定めたが、一般には一向関知されないままである。これは前述のように、元来対外的必要から採決された意味の強いものであるから、当時通用の呉音に従って、ニッポンであるべきはずであるが、「やわと」――「やまと」である日本人の柔和で流暢を愛する性質が、これをニホンとして平安朝時代に一応落ち着いたものであるから、やはり和やかにひびくニホンの方に決めるのが妥当であると思う。しかしいずれでなければならぬとは言えないことで、政府が議会にかけて決めるほかなかろう。

国号にちなんで、日本の現代用語も、したがって思想も、感情も、行動も、もっと日本らしく明朗・温和・闊達・大和にして、荒んだ、とげとげしい、世紀末的風気を一新せねばならない。孝謙天皇が国号を大和と定められたことの大切な意義とその重要性を、今日ひしひしと実感せられるのである。

# 第十四章　日本人と神道

## 諸教帰一

日本の民族精神・民族文化といえば、その根本にまず以て神道を考えねばならぬ。その神道の根本思想の一つに「むすび」ということがある。「むすび」ということから、人生すべての事が始まる。仏教の言葉でいえば「縁起」である。ある事がこの「縁」によって「因」となり、「果」を生じる。すぐれた因が、すぐれた縁で、すぐれた果を生ずる。勝因・善因が勝縁・善縁によって、勝果・善果をむすぶ。このむすびほど不思議なものはない。

国学の方では、むすびにいろいろの文字が当てはめてある。「産霊」という文字がその一例で、そもそも尊い生命がはぐくまれていく姿を考えると、古代の生活に誰でも経験することだが、木の上に鳥が巣を作り、それを暖かく日が照らしている。そこから雛鳥が母鳥を待ってチーチー鳴いている。あの姿は実に美しい、めでたい。そこで産という字に、巣という字と、太陽の日という字を合わせて「産巣日」と書いて「むすび」と読む。生命は神秘である。そこでまた「産霊」と書いて「むすび」と読む。

今日科学が発達して明らかにしたことによっても、天地万物はつまり原子がいかに結合するかということによって千変万化するのであるから、万物は原子のむすびである。そのむすび——産霊の一つの表れが今日の原子力にもなっておるわけで、まことに産霊、神霊、神秘である。そこで我々はこのむすびの妙用によって、常にいろいろ尊い果を産んでいく「因」に会うこと、因をつくることを心掛けなくてはならない。できるだけあらゆる機会に勝因（聖因）をつくるように、むすび、縁を尊ぶことが大切である。

## 多逢勝因

田舎に出て野路を歩いておると、よく地蔵像に会う。あの地蔵は、観音とともに、日本でもっとも普及している仏であるが、観音に観音経があるように、地蔵にも地蔵経がある。この地蔵経に、地蔵のいろいろの功徳の一つとして「多逢勝因」ということをあげている。我々はできるだけ勝因に逢うように、勝因をつくるように、勝縁を尊ぶことを心掛けることが大切なことである。

儒教を学んでも『論語』に縁ができると、やがて『孟子』を得る。人間の考えは、分けて評すると理想主義的か現実主義的に自ら岐(わか)れてくる。孟子はどちらかというと理想主義的・主観主義的な方に長(た)けている。これに比して客観主義的・現実主義的なのが荀子で、この頃ようやくまた荀子が世に知られるようになってきた。もし人性にしても、道徳や政治の問題にしても、現実的に考えると、実は孟子よりも荀子の方が切実と言える。そこで研究的態度で進めば、『論語』『孟子』を学ぶと、どうしても『荀子』になる。この孔・孟・荀を通じて原始儒教を知ることができる。

　そうすると、否でも応でも、『老子』『荘子』『列子』と因縁がつく。それから楊子・墨子などの社会思想、そういうものとの論戦が『孟子』『荀子』の内容であるから、これまた考えざるを得ないようになる。

　そして戦国から秦・漢の時代に進むと、そういう孔・孟・荀・老・荘・列というものが皆相俟って、どこからどこまでが孔孟で、どこからどこまでが老荘であるかというような単純な区別がなくなってくる。四書五経というが『易経』にしても、『中庸』にしても、あれは儒書であると同時に道書、即ち孔孟系の書物であると同時に、老荘系のものがずいぶん入っておる。決して素人が考えるようにはっきりと、これが儒書、これが道書と分けられるものではない。

　それから政治的にも漢の初めは黄老思想が表に出ておる、武帝時分から儒教がとりあげられるようになって、それからやがてインド仏教が入ってくる。そのインド仏教とまず盛んに反応を起こしたのが、どちらかといえば老荘系、道家の思想で、そこで道家の方からは一面宗教化した道教ができ、インド仏教はシナ化して、シナ仏教や、独特の禅を生じてくる——というように、歴史を辿ると、いつのまにか否でも応でも儒・仏・道三教に渉らざるを得ない。同じように、日本歴史に依ってその時代文化を辿ってゆくと、自ずから神・儒・仏・道に渉らざるを得ない。

そうしてゆくと、だんだん気づくことは、日本人としては、

「よろずの道、竟に神道に帰すべし」

## 人間の一生

どうもそういうことになるのである。『論語』(為政篇)に「吾十有五にして学に志し、三十にして立ち、四十にして惑わず、五十にして天命を知る。六十にして耳順い、七十にして心の欲する所に従って矩を踰えず」とあるが、これは孔子だからそういうふうにいくのだ。とても凡人・俗人のことではないと思う人も少なくないが、そうではない。これは人相応に、誰でも通る道筋である。馬鹿は馬鹿なり、賢は賢なりに、だいたい皆こういう具合にゆく。これが人の道なのである。

通俗にいえば、学生時代・青年時代にはたいてい有耶無耶であるが、やっぱり年の三十にもなると、「三十にして立つ」で、こうもしておれない、何かしなくてはいけないとい

う気になって、職に就く。これは三十にして立つである。もっとも通俗な而立である。

若い時はガールフレンドだの、ボーイフレンドなど言っておるけれども、やはり年の三十にもなると、女房とか亭主とかいうものをきちんと決め、家庭をつくる。毎日夕方になって灯がつくと、どこかへ行ってコーヒーを飲むとか、ビールを飲むとか、バーだカフェーだという所をほっつき歩くことも許されない。家も仕事も放っておかぬ。本人自身もくたびれてくる。今日はどこへ行こうかというようなことでは暮らされない。仕事にしても、俺は何に向くのかわからんといって人世をうろついていられない。精神病者、ボヘミアンといった性格異常者ならいざ知らず、やはり三十となれば、役人になるとか、会社員になるとか、銀行員になるとか、学校の先生になるとか、何か決めないと納まらない。そこで三十にして立つ。馬鹿は馬鹿なりに立つ、鈍は鈍なりに立つ。立つには立つが、まだどうもはっきりしない、自信ができない。新たな疑問や苦悩に惑う。しかしこれまた馬鹿は馬鹿なりに鈍は鈍なりに、四十という声がかかると、自分は、人生は、こんなものだという一つの解釈に到達する。商人になれば、商売とはこういうもの、教師になれば、教師というものはこういうものと、だいたいある程度の「不惑」に達する。

そして五十になると「命を知る」。命というのは絶対的作用である。まあどんなのんきな者でも、理屈の多い者でも、職業人となり、家庭人となり、五十の声がかかれば、自ずから結論らしいものを持つようになる。若い時いろいろ空想を描いておったのと違って、わしもこういう人間だ。このへんがわしの精いっぱいのところだ、こういうことに満足を覚えるという限界点、その人間の一つの絶対境に到達する。やがて何年かすると定年がやってくる。これは五十にして惑わずである。そこで俺もいろいろ考えたが、もう先は分かっている。このうえは伜に待とうというようなことにもなろう。その伜もあながち当てになるものでもない。天なり命なりであきらめて、植木を楽しむとか、盆栽を愛するとか、茶をたてるとか、なんとか安心立命を求める、つまり絶対性に到達する。積極的と消極的と、また内容も違うが、とにかく命を知る。

そうして六十になれば、耳順、耳したがうという。今までとかく納得ゆかぬことやら、癪にさわることばかり多かったが、そういう「我」というものがとれてきて、素直に人のいうことも聞くことができ、物を包容できるようになる。

私の友人に夫婦仲の悪いのがおって、長い間喧嘩しつづけ、悶着が絶えなかったが、この間、珍しく喧嘩の途端、女房がこういった。「もうよしましょうや。お互いに老い先短くなって、今さら喧嘩しても始まらない」。なるほどと思って、爾来喧嘩はせんようになった——という話。こういうことも一つの耳順である。今まで女房のいうことが、ことごとく癇に障っておった。女房は女房で、情けない亭主だ、なんの因果でこんな亭主とつれ添うたかと、いがみ合ってきたが、さすがに年で、六十ということになると、いがみ合う元気がなくなったというんでなくて、耳がしたがうで、それだけ相手を受け入れるようになってきた。

伜や娘がゴタゴタやっても若いときほど腹も立たず、虚心坦懐に聞いてやれる。友達でもそうで、親しくなればなるほど、いろいろ矛盾がある。癪にさわったり、情けなかったりするけれども、やはり六十ぐらいになると、お互いが懐かしくなって、あいつも癪にさわる奴だったけれども、老友がぽつぽつ欠けてくると、あいつも懐かしいというようになる。老友というものはよいもので、人が悪口いうと弁解してやりたくなってくる。これはみな耳順である。

そして七十ともなれば、「心の欲する所に従って矩(のり)を踰(こ)えず」で、やはり自然に法則・真理にも従うようになってくる。今まで大飯食っていた男も、昼に鰻を食って、夜、天麩羅を食うというわけにはいかない。そういうことはいけないと自身の生理が教える。若い時はなかなかそんな生理・養生などということには従わない。つまり矩(のり)に従わない。しばしば矩を踰えて、貪食したり大酒したり、無理をやるが、その年になってみると、身体そのものが理に従わねばならぬようになる。衰えるというと情けないが、老いるということは自然に近づくということであり、自然に近づくということは真理に近づくことである。

それだから真理に反した、肉体でいうならば、生理に反した、そんなあくどいものをむやみに食ったり、刺激の強いものを飲んだりして、愉快になるというようなことではなくなる。やはり淡泊なものがよくなる。これは心の欲する所に従って矩を踰えずである。無理はいやになる。

面白いもので、五十年、六十年、七十年とたつうちには、次第に真理に還ってくる。これを小説でいうと「父帰る」で、長い間、家を外にして放浪していても、結局家が恋しくなる。それは家というものほど真実なものはないからである。そう考えてくると、孔子も人間であり、自分も人間である。同じである。ただちょっと高さ、低さ、内容が違うだけだが、根本は同じことで、いずれにしても真実に到達することは善い。伊藤仁斎(じんさい)が「老来、佳境に入る」と言っているが、それが本当である。

## 自然は必然

「自然」はこれを象徴していうと「天」である。天は人というものを造り、人を通じて心の世界を開いた。人間はほかの動物と違って、この心というものを恵まれておるのであるが、これがまた自然の妙用で、その心によって惑うて、いろいろ紆余曲折しているうちに、次第に心の真実・心の誠・心の真理を会得して、次第に天に帰してゆく。自然から出発して自然に帰る、無から生じて無に帰る。死ぬということは、一つの天に帰ることである。

天は自然である。自ずから然るのである。自分はなんで人間なんかに生まれたのか、なんでもっと無心な鳥とか、獣に生まれなかったのか、などと考えても、それは人間の妄想であって意味がない。と同じように、自分はなんでこんな貧乏な家に生まれたんだろうかとか、どうしてこんな弱国に生まれたんだろうか……というようなことを、考えることは自由であるが、そういうことは妄想であって意味がない。かく在るということ、かく生まれるということは、これは自ずから然るのである。

これは天の作用、絶対の作用、自然である。自然は必然である。必然であるということは、そこに法則がある、原則があるということで、それは人間の理性からいうならば、当然である。

自然は必然である、必然は人間において当然である。それを人間の思慮が開けないと、偶然と思う。けれどもいかに偶然だらけに思われても、真理を学ぶと、偶然が偶然でないことを知る。即ち当然であることを知る。当然であることを知るということは必然を知ることである。必然を、「命」という。それは造化の自然である。つまり神ながらである。これを惟神という。

儒教は今の一例でもわかるが、人間が一生の間にいかに妄想や妄行から、当然・必然・自然に到達するかということの教えである。その点は老荘も同じこと。ちょうど儒教に孟子の理想主義派と荀子の現実主義派とあるように、どちらかといえば、孔孟系統の方は現実主義派であって、これに対する老荘の方は理想主義派、したがって一方を人間主義・人道主義というと、一方は自然主義である。

人間は自然から出て発達したものであるが、発達と同時に、また弊害・錯誤があって、人間は発達と同時に堕落する。いかに人間的堕落を防いで、人間的自然に達するか、つまり天道に帰るかということが大事だとする。人間に食欲だとか趣味だとかいうものがあるから、生を養うのが本体であるところの食物というものを、そういう欲やら趣味やらで食の本来を誤り、かえって生理を乱し、破る。そういう経験を積んでゆくうちに、次第に自然・真実に到達する。到達ということは考えようによれば元に還るので、それと同じように、人間は人間として自然から発達してきたのであるが、なまじ人間であるために、自然から支離し堕落する。それを人間が発達するとともに、自然に合致せしめる。自然に合致せしめるには、自然の何たるかを知らなければならぬ。

## 現実に徹して自然に還る

何が人間の自然であるか、ということを主として力説したものが老荘である。その人間の現実をよく見極めて、いかに自然に還るか、これは単なる還初ではなく、造詣である。いかにして人間という現実に徹するかというのが孔孟。現実に徹してどうなるのだといえば自然に還るのだ。自然に到達するということは真の自由を実現することである。老荘の本旨も煎じつめれば、孔孟と変わりはない。そういうふうに孔孟・老荘を玩味しておると、どうしても日本では本来の神道になってくる。仏教をとっても同じことである。

仏教に入るのに二つの道がある。人によって、即ち個性により縁により、そのどちらかに自ずから岐(わか)れる。一つは聖道門(しょうどうもん)。聖道門というのは、要するに自分の努力で仏の教えを学び、その道を行じて、人間としての理想である菩薩・仏に成ろうとするもの。

それに対して、そんなむずかしい学問であるとか、修行であるとかいうものは、不幸にしてこの末法の衆生にはとてもできることではない。その憐れむべき衆生こそ救われねばならない。善人の救われるのは当然のこと、悪人こそ救われねばならないのである。その末法の衆生の一人でも救われないかぎり断じて仏の座に安んじないという弥陀の悲願を信じ、一切を抛(なげう)って仏に任せきるところに初めて救いを得る。つまり自力を棄てて他力に徹するというのが浄土門である。

聖道門にしろ、浄土門にしろ、これをつきつめれば同じこと、聖道門の方では即身成仏しようということであり、浄土門は極楽浄土に往生しようという、到り得て帰り来れば別事なしである。これも言わば人として神ながらに生きようとするにほかならぬ道である。

国でいうならば、古来日本の天皇は同時に人皇と称した。終戦後アメリカから来た占領軍に迎合した日本の愚かな指導者・学者が、天皇の人間宣言ということをおさせ申した。不見識きわまることである。人間宣言なんて、今さらおさせ申すまでもなく、神武天皇から始めて人皇第何代と申し上げてきておる。天皇は即ち人皇、人皇は天皇である。

即身成仏の義も、弥陀の悲願も、すべて皇道に符合する。神道の大祓(おおはらい)、これは即身成仏にも、念仏往生にも通ずる。清浄・正直・静謐(せいひつ)を念じ、罪・穢れを祓い、六根清浄で神に参るのは聖道門にも通じ、浄土門にも通ずる。日本人にこの神道があったればこそ、儒仏はこれほど日本に栄えたのである。

## 日本の神道

日本の神道は、哲学や信仰を極めるにしたがってその真義を甚解することのできる尊いものであるが、それならば、日本人は神道さえ修めれば十分で、他のことは一切要(い)らぬかというと、そう考えては神道ではない。自然と人間は多様の統一であって、単一ではない。単一は健やかな生の相ではなく、一切を通じて一切を活かすこそ天道であり、神道であり、その実践が人道である。

生物が自然に生まれて自然に還るのは端的な道の相で、よく自然の動物が、死ぬ時にまたもとの自然に還っていくという。象も、人間のすぐ見つけるような所には死屍を横たえぬ。どこか密林の洞窟へ行って終わる。「首丘」という成語がある。狐は死するとき、もと住んでいた丘に首を向けるということからできた言葉である（『礼記』檀弓）。

特に自然を尚ぶ東洋には隠者が多く、晩年山水に跡を晦ました人が少なくない。後漢の向長（字は子平）は、子供の嫁娶が終わると、五嶽名山に入って、終わる所が知れないと伝えられている。これも人間の一つの自然な生き方である。死ぬということは自然に還ることで、必然・当然でもある。偶然に死ぬということはいけない。

## 人が神を守る

天地自然は人間の故郷である。故に人は自然を愛し、深山幽壑・山紫水明のところに神を祀る。神社を建てるのである。自然であり、必然であって、当然である。決して偶然でない。そこで聖地へお参りしたとき、我々はもっとも自然になり、神に近づく。勝因を結ぶことであり、そこに参詣の貴い意味がある。

村松（度会）家行（一二五七〜一三六三）は名高い外宮の神官である。有名な神道五部書（倭姫命世記、宝基本紀、御鎮座本紀、御鎮座伝記、御鎮座次第記）、この書はだいたい鎌倉初期の頃に作られたもので、外宮神道・度会神道の根本経典である。彼はその外宮神道の大宗で、博学達識な人であり、同時に南朝護持の重鎮であった。北畠親房卿をはじめ、楠木正行らに至るまで、この村松家行の外護によって、どのくらい助けられたかわからない。

その名著『神道簡要』に説いて曰く、「情を天地に斉しくし、想を風雲に乗ずるは、道に従うの本たり、神を守るの要と為す」〔注1〕。

人間臭くならないで、人間の心情を、人間の由って生じた根源に帰し、したがって我々の思想を「風雲に乗ずる」、つまり天地自然の変化・造化というものにのせる。これが「道に従う」根本原理で、神を守る——人が神から離れない大切な点である。神が人を守るのではない。人が神を守るのである——ということは、たとえば明治天皇の侍講をした、神道・儒教の大家でもあった副島種臣(そえじまたねおみ)蒼海先生が常に言ったことで、明治天皇にも申し上げてご共鳴を得たということである。

菅原道真の歌と伝えられる「心だに誠の道にかなひなば」、誠の道にかなうということは、すなわち神である。「祈らずとても神や守らん」。祈るということはしないでも、神は守りたまう。すでに神と一つである。それを何かご利益を得ようとして祈るなどは本当の祈りではない。そんなご利益などは問題ではない。だから一休禅師は下の句を変えて「心だに誠の道に叶ひなば、守らずとてもこちはかまはぬ」と詠んでおる。真理はそのとおりである。

「将に万言の雑説を除いて、一心の定準を挙げんとす」(『神道簡要』)。ところが人間が神から離れるにしたがって、いろいろの思想・言論が雑然として起こり、神という一定の標準もなくなり、何が何やらわからなくなって、思想は混乱し、いよいよ人々の惑いを助長する。そういう「万言の雑説を除いて」人間の帰趨するところの決定的基準・法則をはっきりさせねばならない。

「天命に配して而して神気を営む」。天――絶対者の作用、即ち天ながら、神ながら、その偉大なる造化に配し、それに参じて、人間の汚染された俗気ではなく、神気を営める。このごろ郊外郊外と人々は都市を離れるが、都会の、あんなひどい塵埃やスモッグ・濁気を営めていいてはたまらない。少しでも「神気を営め」たいからで、「理実に灼然たり」である。「情を天地に斉しくし、想を風雲に乗じ」たいのである。大自然に参宿することである。お参りということは、即ち神に参宿するのである。

## 人は神物

神道五部書の一、『宝基本紀』に曰く〔注2〕、「人は乃ち天下の神物なり」
――神のむすびが人となったのであるから、「人は神物」である。それが俗物になるからいけない。いかなる俗物も本来に帰すれば神物である。これを単なる物質と考えたり、論理の化物のようにしてしまったり、いろいろ汚染された俗物になるからいけない。

造化・自然に帰れば、その特徴はどうか。「須く静謐を掌るべし」とあるが、人間の肉体でも、生命が純真であれば、即ち健全であれば安静で、心臓の鼓動も静か、呼吸も静かである。そこに何か違和が起こると、呼吸が乱れ、心臓も騒ぐ。健康ほど身体は静かで、したがって人物も出来てくれば静かである。本当の人はなんとなくしっとりしている。ガサツなのは本物でないからだ。こういうことを説明するのは西洋哲学の長所である。神道は当然言挙げに及ばない。そこに真実と深遠さがあるが、わからぬ者にはわからない。つまらない。それをよいことにして、多くの神道家がわからせず、自分もわからぬままにすましてしまうということになりがちでもあった。

「心は乃ち神明の主なり」。天地・自然・造化・神が、即ち神の明が人を通じて心というものを開いた。宇宙の太陽もその一つであるが、人心もその例で、心は神明である。心によってすべてが行なわれる。即ち心は神明の主である。

## 神垂と冥加

「心神を傷る莫かれ」。人となるにつれて神から離れる。神と絶縁する。そこに人間の傷害がある。人は常に神の垂示を受けねばだめで、それは「神垂」である。

「神垂は祈禱を以て先と為す」。祈るということはその神に帰参することで、そうすると無意識(冥)の間に、即ち知らず識らず、失っておったものが与えられる。それが「冥加」である。それは人間が正直になったからで、いろいろの欲望・打算・煩悩、そういうようなもので人間性・自然性を枉げていては神ながらではない。「冥加は正直を以て本と為す。其の本性に任して皆大道を得しむれば、天下和順し、日月精明。風雨時を以てし、国豊かに民安し」である。山崎闇斎の垂加神道の垂加はこれより出たものであることは言うまでもない。

## 静謐・清明・正直

古来、大神宮に参詣したいろいろの紀行文章、詩歌等の中に、坂士仏という人の記がある。坂士仏はこの村松家行をたずねて、非常な感動を受けた。この人は足利時代、後小松天皇からも礼遇を蒙った非常に博学で、識見の高い、医術にも通じた人物で、足利義満などもこれを尊重した。士仏というのは義満が付けた名前ともいわれておる。父が十仏と称したので、十に一たして士となる。

彼が村松家行の談を引いて「当宮参詣のふかき習いは、念珠をもとらず幣帛をも捧げずして、心に祈るところなきを内清浄という」。つまりいろいろの功利的・打算的な心、ご利益などを願う心をもって、しかつめらしく形をそなえて祈るということをしない。つまり正直・無心・清浄である。

「潮をかき、水を浴びて、身に汚れなきを外清浄といえり。内外清浄なりぬれば、神の心と吾心と隔てなし。既に神明と同じければ、何を望みてか祈請の心あるべきや。これ真実の参宮なりとうけ給わりしほどに、渇仰の涙とどめがたし」〔注3〕とある。

神道は生に徹するものである。西洋の哲学でいうならば、徹底した生の学行ということができる。この頃学問の発達はさすがに限りなく興味深いが、医学や教育学や心理学の発達によって判明したことは、人間を教育しようと思ったら、早いほどよい。昔は幼稚ということを間違えて、何も内容のないことだと錯覚した。大人の錯覚である。そして子供は無邪気に遊ばしておくのがいちばんよい——というようなことを自由主義教育などといって、大切な子供をすっかりほったらかした。それが昂じて小学校でも、せっかく学びざかりの児童にどんどん教えないで、空しく遊ばしておく、好きなことをさせておく。絵の好きな子供には絵を画かせておく、作文の好きな子供には作文をさせておく。先生は教壇で小説を読んでおる——なんどが流行った。自由主義教育と称して、これは第一次大戦の後にも流行したが、第二次大戦後もまた流行った。昔は日教組などがなかったから、それでも大した害をとどめなかったが、今度はそういう教員が集まって組合をつくり、教師は労働者などと臆面もなく主張して、児童教育をめちゃくちゃにしてしまったことは恐ろしい罪悪である。児童は、児童ではもう遅い、本当はもっと幼児の時から教えなければいけない。もっと徹底していうなら胎児の時から教えなければならない。

そういうことになると、東洋に胎教という進歩した考えがあった。これを古いと笑っていた。しかるに二十世紀、二千年ほど学問して、西洋でやっと昔の人が言った胎教は必要であるという結論に医学が到達した。昔は非科学的といって笑っておったことが、もっとも科学的になったから面白い。二十年前（注・一九四〇年頃をいう）の科学と今日の科学でははなはだ違ってきたことが少なくない。二十年前の科学的のいかに多くが、今日非科学的になっておるかということは驚くべきものである。だからやはり人間は勉強しないといけない。

その幼児を研究すると、いちばん先に幼児が感ずることは何か。「明るい」と「暗い」との明暗である。その次は、清いということと不潔ということ。これは幼児の二大感覚です。ここから人間は出発する。子供は明るいことが好きで、暗いことは嫌い。だから父や母が暗い顔をしているのはいけない。子供を暗い所へつれていったら「お化け！」だなんて脅かさないで、「お星様が光っているなあ」とか、「お月様はきれいだなあ」と言わなければならぬ。人間は幼い時から逆さま教えられるから碌な者にならない。明るく育てるということ、光明を愛するようにしてやる。暗いことを厭う子供にする必要がある。

その次は清潔を愛するということ、不潔を嫌うということ。これを仕込む。子供は実に敏感で、オシメから始めて、常に清潔に清潔に育てる。手でも汚れたらすぐ洗う清潔の習慣をつける。それならば汚いことを全然させてはいけないかというと、そうではない。不潔も実存する。否、不潔の方が世の中にはなはだしい。その不潔を洗うことが大切なのである。よく父親・母親が間違えて、子供は清潔にせねばならんといえば、汚いことをさせてはいかんと思うのだが、そうではない。汚いことを汚いと感じ、その汚れに染まぬ習慣をつけることが大切なのである。子供は本能的に敏感で、清と濁とをくらべてみると必ず清をとる。

この明るいということと、清いということを子供の時によく躾(しつ)けておいたら、大きくなって賄賂をとるとか、汚職をすることなどしなくなる。そこで静謐・清明・正直ということを根本とする神道というものが、いかに人間に根源的であるかということがわかる。そうすることによって、誠に生きるのである。これが本当の生の道である。

それを何よりも我々に明白に、端的に教えるものは「太陽」「日」である。

## 黒住宗忠

いろいろ神社神道、宗派神道があるが、神道諸派のうちでもっとも卓抜なものに黒住(くろずみ)宗忠がある。この人は清浄・正直に徹した大光明人である。彼曰く、「神道は生きることばかりにてよろしく奉存候(ぞんじたてまつりそうろう)」。言い換えれば神道とは生に徹することである。その意味においては、いかに死すべきかということを徹底して説いている仏道と好一対である。「仏とはうらはらのことと奉存候。これまでは少(いささ)かのとり違えにて大なるまちがいでござ候。何もかも時々刻々に物をいかし候ところこそ」、いつでも常にものを生かす、これが「天照大神の御道と奉存候」〔注4〕。これは実に大見識である。

この人は備前の片田舎のささやかな神社の禰宜(ねぎ)の家の出身であるが、本当に「生き通した」人であり、これを仏道でいうと大慈悲の人であった。ものと一つになり、ものと心を同じうし、物を憐れみ、物を生かす権化(ごんげ)になった。ある時病人に会って、たまらなく気の毒に思って手をかけたら、その病人が治った――ということから、本人もびっくりして、それからだんだん奇蹟を現じて、ついに諸人の盛んな信仰を博し、自ずからにして教祖になった人である。

その思想言行、これは実に数ある神道諸派の中でも真に敬仰すべき人である。大神宮にもしばしば参詣して、多くの信者をみちびいた。研究すればするほど頭の下がる人である。それは決して奇蹟でもなんでもない、当然のことであり、必然のことであり、自然のことということができる。

我々は智恵・修行いたらざるがために、何かそれがみな偶然的に思えるのであるが、そうではない。とにかく我々はそういう霊智霊能は及ばずとしても、常に勝縁を重んじて、できるだけ勝因をつくることに努めれば、ありがたく生きられるのである。

〔注1〕情を天地に斉しくし、想を風雲に乗ずるは道に従うの本たり、神を守るの要と為す。将に万言の雑説を除いて一心の定準を挙げんとす。天命に配して而して神気を嘗む。理実に灼然たり。

〔注2〕人は乃ち天下の神物なり。須(すべから)く静謐を掌るべし。心は乃ち神明の主なり。心神を傷る莫(な)かれ。神垂は祈禱を以て先と為し、冥加は正直を以て本と為す。其の本性に任して皆大道を得しむれば、

天下和順し、日月精明。風雨時を以てし、国豊かに民安し。

〔注3〕当宮参詣のふかき習いは、念珠をもとらず幣帛をも捧げずして、心にいのるところなきを内清浄という。潮をかき、水をあびて、身に汚れなきを外清浄といえり。内外清浄なりぬれば、神の心と吾心と隔てなし。既に神明と同じければ、何を望みてか祈請の心あるべきや。これ真実の参宮なりとうけ給わりしほどに、渇仰の涙とどめがたし。

〔注4〕神道は生きることばかりにてよろしくと奉存候。仏とうらはらのことと奉存候。これまでは少（いささ）かのとり違えにて大なるまちがいござ候。何もかも時々刻々に物をいかし候ところこそ、天照大神の御道と奉存候。

# 第十五章　仏教と神道

論語に、「之を知る者は之を好む者に如かず。之を好む者は之を楽しむ者に如かず」という名言がある。まったくそのとおりでありまして、知るということは実は普通の頭さえあればできることであります。これはあまり内容がない、生命がない。好むということになると、これは言い換えれば身になるということであります。つまり対象を自分の身にする、自分の情緒の中に入れることであります。これがもう一つ深く、「楽しむ」という境地になると、初めて物と我と渾然一体、融合する。

## 道楽と極道

我々に非常にいい言葉がある。私の大好きな言葉である。それは「道楽」という言葉であります。「楽道」ではまだ面白くない。「道を楽しむ」では我と道とに対立の跡がある。「道を知る」よりはいいが、道そのものになっていない。「道が楽し」。そこまできて初めて自己と道と渾然一体である。これを「極道」という。これも「道極」と言えばよかりそうだが、そこまではなかなか。よってこれは極道でよろしい。

この「道楽」「極道」を悪用するなどは日本人ならではできぬユーモア、大した思想ではありませんか。これがわからぬようでは話せない。話せぬ人間の話などつまりませんね。特に学者の話に多い。学問・求道も道楽・極道になって初めて生命に溢れます。

この講座などもこれはまったく道楽である。あるいは極道である。世間功利の輩からいうならば、こんな馬鹿な行事はない。師友会が頼まれもせぬのにこんな講座を開いて、そこに別段役にも立たぬのに遠方からも大勢来会して、一夜の講話を百何十夜も続けるとは本当に道楽・極道であります。ひいて言えば政治もそのとおり。為にするところなく、道楽・極道でやってくれると、世の中はよく治まるのであります。あまりコマーシャルになりすぎて、政治ではなく、商売になっている。日本の堕落の一つであります。

## 仏教の思想

さて閑話はやめて、前回達磨(だるま)師弟のことから、六朝・隋の社会的実情に及び、そのついでに、当時の宗教界に異色のある新興宗教が現れた。それは従来まだはっきり唱導されていなかった末法観、西洋にもあるエスカトロジー eschatology を明瞭に打ち出して、いかにしてこの末法の世界、煩悩の衆生を救うかという問題について、在来のようにあるいは一部一経をとり、あるいは一仏一土を信ずる、即ちあるいは法華経、あるいは金剛、あるいは、阿弥陀仏、西方浄土というような一仏一土、一部一経を主張するのではいけない。それがどんなによいものでも、そういうのは別真別法というもので、それでは要するに末法の闘諍を盛んにするだけである。末法の時世は白法隠没闘諍堅固で、誠の道が隠れてひたすら闘い諍う。それではどうにもならぬ。どうしても普法でなければならない。つまり一切の法、一切の仏、一切の経、すべて優れたものは何でもそれぞれの機縁に因ってこれを活かし、一切衆生の一切煩悩を救ってゆくという大慈悲に徹することが必要であるという法門を唱導した信行和尚の三階教を講じ、それに関連してシナの易姓革命の歴史に影の形に添うがごとく、必ず存在しておった白蓮教のお話をいたしました。この信行和尚が普法といいながら、やはりおのずから地蔵経（地蔵十輪経、地蔵願本経）と深く心契するところがあり、そして法華経の常不軽菩薩品の常不軽行を実践した。

### 地蔵菩薩

　地蔵菩薩は他の仏と違って、末法の悩める衆生の一人だに救われぬかぎりは自分の仏の座につかない、どこまでも衆生済度に苦心努力するという本願を立てられた。つまり大慈悲行を念願し、末法苦悩の衆生をことごとく縁に随って救ってゆきたいという大悲願に徹した。これは悩める衆生に非常に嬉しい話であります。

　いくら偉い人が出て、自分の悟道・自分の知恵・深遠な教理を説いても、それは里の人々がとてもどうにもならない深山幽谷に入ってゆく人を見るようであって、いくら憧れても及ぶところではない。それより山を出て、里に下って、里の衆生と一緒になって道を説いてくれる、救いの手をのべてくれるということの方がどれだけ嬉しいことかわからぬ。そこでいつの間にかこの仏がそれからそれへと伝わって、日本においても村のはずれ、野の果て、いたるところに地蔵像が立てられ、拝まれ、供養されておる。こんな仏は類がない。非常に人懐っこい仏で、野路の夕暮れ、地蔵さまに新しい涎(よだれ)かけがかかっているのを見る時など、ふっと涙ぐましくなるものです。プロレタリアだ、人民だと怒鳴って、悪鬼羅刹のようになっているのでは、断じて人は救えません。

　鎌倉に面白い仏様があります。瑞泉寺という名高いお寺があります。近年は観光の客が殺到して、はなはだ幽趣を妨げておるということです。この寺にささやかな地蔵さんが祀ってある。これは「どこもく地蔵」という妙な名前です。この地蔵さまにある人が願をかけ、なんとかこの苦しみを助けていただきたいと拝んだら、「どこも苦じゃ」といわれたという。どこもかしこも人間世界は苦じゃ苦じゃで、「どこも苦地蔵」、面白い話です。何でもないことのようだけれども、どこも苦地蔵という名前はいかにも地蔵さんらしい名前です。

　地蔵というのはそういうもので、「それ三界の安きことなき、なお火宅の如し。衆苦充満す」という経文の真実に徹してゆくこそ仏道です。綺麗な法衣を着飾って、金持のお布施で、立派な寺に安住するようなのは仏者の本意ではありますまい。

仏教の原理に周知の四諦・十二因縁がある。苦諦・集諦、つまり「どこも苦」じゃ。生の根本は苦であり、その集まりである。これを徹底的に

## 四諦十二因縁

考察してゆくのが苦諦・集諦。これを滅していかに理想の世界を開くかということが滅諦であり、それにはどう実践してゆくかが道諦。六朝末期から隋にかけて、漢末以来三国・魏晋を経ての動乱、朝に夕をはかることのできないようなはかない栄枯盛衰・有為転変の世の中に、苦集滅道の諦観はそれこそ無限の慈悲であります。

その頃わが日本は一体どういう状態であったか。ちょうど信行禅師が出ましたのは、西暦で申しますと五四〇年から五九四年、六世紀のだいたい後半であります。それはちょうど欽明天皇の始まりから数代、欽明、敏達、用明、崇峻、推古の五代に至る時代です。信行が亡くなったのは隋の始めでありますが、亡くなる前年に推古天皇が即位され、厩戸皇子、聖徳太子が皇太子になられ、そうして四天王寺が建っておる。翌年天皇は皇太子および諸大臣に仏法興隆を命じておられる。ようやく仏教が指導層に採り上げられて、次第に民衆に教化を及ぼそうという始まりであった。つまり日本仏教のようやく興らんとする冒頭に当たる。

この欽明天皇の頃に日本にとって三韓問題が起こっておる。崇神天皇以来、一千年以上

にわたって朝鮮の南の端の任那(みまな)に日本府が置かれ、日本と大陸をつなぐ有力な足場ができておった。それが百済(くだら)や、特に強力な新羅(しらぎ)の圧力によって、とうとう欽明天皇の末年に任那は亡ぼされ、日本は朝鮮における足場を失った。外交的に見ますと、その当時はほとんど韓国問題・三韓問題がすべてであったわけであります。中国からも渡来して帰化しておりますが、外交的にはさしてまだ進んでおらない。

任那を失った原因は日本自身にも深刻なものがある。当時日本の政治力をもっとも悪化せしめたものは派閥闘争である。宮廷を中心に支配権力を樹立してまいりましたそのいちばん代表的なものは蘇我(そが)氏と物部(もののべ)氏であります。

蘇我氏は今日でいうと進歩派で、財政的にも非常な力を持っておった。これに対する保守派の代表は物部氏であります。どちらかというと、これは武力派である。これらが対立紛糾して深刻な軋轢(あつれき)闘争をやっておった。これに対してやはり外国の手、即ち三韓の手が伸びてきて、その派閥闘争にからまり、日本の政治勢力の中に自然親日派である百済派、それに対する新羅派があり、今日いうコリアン・ロビーとかチャイナ・ロビーと同じようなものが日本にできておった。

欽明天皇に至る五、六代にわたって宮廷で勢力を振るっておった大伴金村(おおともかなむら)というのがおる。継体天皇はこの大伴金村が擁立したのでありますが、だから少なくとも継体、それから安閑、宣化、欽明にわたる朝廷の大勢力でありました。これはすっかり百済の賄賂を受けて、百済ロビーの大立者でありました。スキャンダルの中心的人物、これが新羅と百済の反間苦肉の政略に乗ぜられて任那の亡びるのを座視した責任者の一人であります。

かくのごとく一方に非常な派閥闘争があり、その中心の権力者が腐敗堕落し、これに乗ずる三韓の魔手も伸びており、それに思想や信仰がからまって雑然としておったのが当時の日本であります。そこへ聖徳太子が現れ、日本に起死回生の一大革新政策を断行された。

仏教と同時にその頃ぼつぼつと儒教も滲透してきておりました。しかしこれは実際をいうと、たいしたことはない。応神天皇の御代に例の百済から阿直岐（あちき）がやってまいりました。そうして阿直岐の紹介で王仁（わに）が論語や千字文を持ってまいりました。菟道稚郎子（うじのわきいらつこ）は天皇のご命令で阿直岐について学んだ。この王仁や連れてきた者の子孫が西史部（かわちのふびとべ）という、当時の文章記録、そういうものを司る史部（ふびとべ）である。後になって後漢の霊帝の子孫と称する阿知使主（あちのおみ）が来るに及んで、これが東の方の史部東史部（やまとのふびとべ）と呼ばれ、「やまと」「かわち」と、東西二つのグループに分かれて、これがもっぱら思想・言語・文章を担当していた。というてもまだ幼稚なものでありまして、その証拠に敏達天皇の時に、高麗王が日本に奉った上表文を史部の連中が三日もかかって読めない。敏達天皇が怒って、「お前たちはどういう勉強をしておるのか。どうしてそんなに学問ができないか」と叱っておいでになる。それからみると、その頃の儒教がだいたいどの程度のものであったかということがわかる。まことに幼稚な時代であります。

しかしそういう知識だとか文字だとかいうものを離れて、儒教というものは相当吸収されつつあったようであります。

その前に日本本来の神道、古神道というものがある。そこで日本神道の本質・根本精神というものを、こういうふうに日本に非常な衝撃を与え、ムードを作り上げてきた当時の仏教と対比して考えておくと、その頃のことがまたよくわかる。

これには著しい本質的な類似と同時に相違がある。第一に、仏教の根本に存在する四諦、特に苦諦である。人生・社会というものは火宅のように不安で、衆苦充満している。その因縁を尋ねると、十二因縁に明らかにされておるが、「無明」を本とする。

無明は西洋哲学で申しますと、ショーペンハウアーの申しました、「生きんとする盲目的意志」です。やみくもに、ひたすら生きようと求める、「行」である、活動である。

この活動はそこに意識・自覚を含んでおる。これによって存在というものができる。それを「名色」という。それに応じて感官が生ずる。「六入」である。目、耳、鼻、舌、身とその統覚、意。これを六入という、即ち感覚器官です。そこから経験が始まる。これを「触」という。経験によって我々の感官による感覚を得る。これが「受」で、実在に対する感官による経験の限定であります。

たとえば目というものによって光を経験して、そしてここに色というものを知る。けれどもこれは無限のものではない。元来は無限のものであるが、我々の触、感官は有限であり、即ち限定される。だから波長の長い赤から橙・黄・緑・青・藍・紫となる。こういう七色に受け取る。そうするとこの感覚に伴うて感情が生ずる。これを「受」という。これに伴う意欲が「取」であります。

そこに我々の実在が生じます。これが「有」です。ザイン Sein からダ・ザイン Da-sein となるわけです。かくて「生」「老死」する。死は無明に回帰する。これを十二因縁というのであります。これは真理であるが、何か暗い。無明です。

これはキリスト教でも同じです。原罪説というもの。アダムとイヴによる原罪という考え、それによって、この思想、深刻であるが、本来の東洋的日本的思想と趣(おもむき)を異にします。こちらではそういう無明観、罪業観に執着しない。しかしこれらの考え方は非常に深く日本人に浸透しました。

## 末法濁世観

仏教の「三毒」「五濁(じょく)」というような考え方もずいぶん普及しています。五濁の一は「劫濁(こうじょく)」である。これは時代の穢(けが)れ、悩みである。以前に三時ということを話しました。正法(しょうぼう)の時代、像法の時代、末法の時代。釈迦が亡くなって五百年、あるいは千年が正法の時代、その次の千年が像法、多造像寺の時代、その次の一万年が白法隠没・闘諍堅固の末法の時代。こうなると時世そのものが汚濁となる。これが劫濁。

すると人間の考えも汚れてくる。それに「五見」がある。第一は「身見」、あるいは「有身見」。これは無心になって考えない。自身中心になってどうも利己的に考える。それは「辺見」即ちものを多面的や全体的に考えることができないで、物の一辺しか見ない。これを「辺見」という。そこで正しく観察できず、邪な考え方になる。これが「邪見」。

アイゼンハワー元大統領の回顧録によると、その説に、「自分は第一次と第二次と再度の世界大戦に関係した。しかるに率直にいうと、第一次大戦の時に比べて、第二次世界大戦のアメリカ将兵はしばしば私を当惑させた。それは決して第二次大戦時の将兵が忠誠心がないとか、戦闘などの行為において前代の人々に劣るというわけではないが、なにか大事なものが抜けた憾みがある。国民経済は非常に繁栄してきたけれども、やはり一般に言うことをなすこと、なにかねじけたことが多くなっている」と述べておる。

たしかに前代の人々はより多く世間・他人というものを尊重して自制心があったが、末法・末世になると、どうも利己的であることは否めない。事ごとにねじける。それを「邪見」という。いわゆる進歩的文化人というような人々にこの邪見が多い。この正月、日教組の教研大会が鹿児島で開催されたが、その記録を見ると、まったく邪見の見本市のようであります。

そして何か一つのイデオロギーを偏執して、それから意見を立てるのを「見取見」といい、正しい因果の関係を無視して、無闇にあれもいけない、これもいけないと反対するのが「戒禁取見」であります。

これが見濁の五見で、「五濁見」とも申します。これと同様あさましい煩悩を「煩悩濁」といって、これにも三毒五毒といわれるものがあります。「三毒」の一は「貪」欲です。そしてなにかにつけて目に稜立てていかる、これが「瞋」。そして理性を失ってしまうのが「痴」。この三毒に加うるに、いい気になって、物事を馬鹿にするのが「慢」で、真実を素直に受け取れないのを「疑」といって、この五者を「五毒」と申します。

そうなると人間の生命そのものが汚れてくる。これは「命濁」。名高いアレキシス・カレル Alexis Carrel の言葉でいうと、「病人ではないが、健康ではない」、もっと進んでくると、「病気には見えぬが重患である」というようなことになり、ついに人間であるが、真人間でないことになる。即ち「衆生濁」であります。

かくて濁世穢土・穢国悪世となったものを、いかにもして救わんと大慈悲心を以て精進するのが菩薩であります。ここに宗教の尊さがありますが、人間としては悲しいことです。

## 神道の根本理念

これに比して日本の神道の方は非常に明るい。神道も罪とか穢れとかいうものに対する感覚・認識は非常に鋭敏であります。しかしその罪・穢れというものに少しも拘泥しない。一切の罪・穢れの有らむをば祓い浄めて執着しない。非常にさっぱりしておる。

たとえば大祓（おおはらい）というものを玩味してみると、実に天空海闊であります。これは実に優れた、また意味深い思想であり行であります。

### 産霊

神道のもっとも根本的な思想・信仰の一は「むすび」ということです。古神道の文献を見ると、これに当てはめた文字が面白い。雛を育てる巣を暖かく日が照らしている。「産巣日」、古代人にとってこれほど生命・生産の姿を直接表したものは少ないでしょう。あるいは巣を抜いて産日とも書く。後になって、これに霊という字を用いて産霊と書く。つまり太陽が暖かく巣を照らして、巣ごもっている母鳥からどんどん子供が巣だってゆく。この天地万物の創造、生みの働きを直観して、それを体得し表現したものです。

この産霊に高皇産霊神（たかみむすびのかみ）と神産霊神（かみむすびのかみ）がある。高というのは陽、発展です。神というのは陰、含蓄・潜在である。さらに別天神（ことあまつかみ）といって、これは全自然より人間を別生する天機を示し、玉留産霊神、これは人間の体に魂を入れるもの、人間的生成化育を意味するものである。玉留産霊神によって初めて人間というものが生成発展する。これを生産霊神、その生産霊が調和充足することによって初めて世界というものが成り立つ。これを足産霊という。

　この高皇産霊、神産霊、玉留産霊、生産霊、足産霊の神々が国土に現れて国魂神になる。その代表的なのが大国魂であり、先住民族と天孫民族との衝突惨劇から非常に早く融合合体、創造進化することができた。これにもっとも功労のあったのが事代主神たちで、これらの神々の努力により、人間は安定し、食生活も開けてきた。この主体が御膳神、伊勢の外宮の豊受大神がこれであるというのは通説であります。

　稲荷神社の神体は御膳神です。ミケツという言葉がいつの間にかみきつね、お狐になって、稲荷といえば狐というようになったといわれています。

　そうして大和に宮殿が定まり、これを護る大宮比売神、これら高皇産霊神、神産霊神、玉留産霊神、生産霊神、足産霊神の五柱に、事代主命、御膳神、大宮比売三柱の神を加えて昔からずっと宮中にお祭しておられる。これを八神殿という。

## 自然と人間は神の具象

日本の神道は非常に明るい。その神道の本質はどこまでも天地生成化育であります。万物創造繁栄平和であります。これに逆らう罪穢れ、三毒五濁、そういうものは一切祓い、浄めて跡をとどめない。

男は「むすこ」、ひこ（彦、日子）、女は「むすめ」、ひめ（姫、日女）であります。

神秘な創造とその中に含まれる微妙な調和、それを和魂（にぎみたま）と称し、その自由な活動が荒魂（あらみたま）、それが万物に繁栄幸福を与える。これを幸魂（さきみたま）。その神秘な働きを奇魂（くしみたま）という。要するに和魂の作用である。こういう神道の根本理念を見てきますと、自然と人とのなんら背反がない。いかにも大和であり、人道は神ながらの道であります。日本人が仏教の「如来」をよくとり入れたのはこの根本理念による力が大きく、神道は偉大な如来蔵であります。

神ながらのなは、のの変化したもの。からは、なきがらなどという形体を意味し、つまり神の具象、キリスト教でいうと神のembody, incarnationが自然であり人間であります。神は人間を超絶した別のものではなくて、神人合一である。だから日本人は本質的に包容、同化、創成力に富んでいるのです。

## 日本的特質の発揮

卑近な例を取って観察しても明らかです。飲食の例をとってもわかりますが、西洋人は異民族の飲み物、食物に容易になじみませんが、日本人は自由自在に世界中の物を飲食する。朝鮮料理・シナ料理・インド料理・南洋料理・西洋料理、なんでも結構、食べるというだけではない。好んで食べる。なんでも食える、食うことを好む民族はほかにはない。酒でも老酒、ラム酒、ビール、ウイスキー、ブランデー、ジン、シャンパン等々なんでもこいだ。本当にこういう民族は少ないですね。

住居でもそうです。西欧の住居というものは、明らかに自然の中に人間の区画を造り、自然と人間とを隔離する。自然から逃れ、あるいは自然を征服するという考えを持っておる。山に登っても、アルプスを征服したとか、ヒマラヤを征服したと称する。日本人は山を征服するなどとは絶対に考えなかった。山は神である。

大和の大神(おおみわ)神社は、今の宮中の八神の一、事代主神からその参謀総長であった少彦名神(すくなひこなのかみ)その他、肇国(ちょうこく)の神々をお祭りしてあるが、この大神神社には神殿というものがない。山そのものが千古不滅の神殿であり、これに対して拝殿があり、拝殿から山そのものを拝むのです。山が神、神山である。アメリカが進駐してきた時に、これを説明するにどうしてもわからぬ。理解させるのに非常に骨が折れた。山を征服するのではない。山に参る（詣る）のである。白衣を着、六根清浄を唱えて参詣したのです。そして独特の山嶽信仰が発達しました。修験道など理趣津々たるものがあります。だから住居も西洋とちがって、障子・襖(ふすま)を外せば自然である。がらんどうだ。竹の柱に茅の屋根。「引き寄せて結べば柴の庵にて、解くれば元の野原なりけり」です。我々の生体もしばしの間こうして人体を成しているが、死すれば元の神であります。

精神的にもやはりそうであります。キリスト教民族、回教民族、その他どの民族でも、思想とか信仰とかいうものになると、恐ろしく排他的です。闘諍賢固です。しかるに日本民族は、飲食住居と同じように、あらゆる思想信仰を自由自在に取り入れてきました。儒教結構、仏教結構、もちろん好悪や衝突はありますけれども、なんでも包容・熔鋳してきました。マルキシズムでも、アナーキズムでも、なんでもござれです。そういう和魂、これはちょっとどこの国民にもない。たまには中毒・下痢・嘔吐しても、いつの間にか納まってしまう。まったく奇魂です。

だから日本民族こそ指導よろしきを得れば本当に世界国家を開ける民族なのです。それだけに思想や信仰というものをよほど吟味し精錬しなければいけない。世界諸民族を見ると皆別法の仲間で、信行いうところの普法を体得しておるのは本当に日本民族を以て第一とする。

しかるにその日本人の、中でも神道家が肝腎の和魂、普法的性質を失って排他的別法になり、自ら空虚に陥り、国民指導者は驕慢に走って、日本精神・日本主義を夜郎自大的国家主義。民族主義、ジンゴイズムJingoism（好戦的愛国主義）やショーヴィニズムChauvinism（盲目的愛国主義）にしてしまった。その反動で戦後は極端な自己嫌悪・自己疎外に陥ってしまいました。お恥ずかしいかぎりであります。これから猛省して民族本来の精神と使命を回復し発揚せねばなりません。

# 第十六章　自然と人間と神——西洋と東洋と日本

アインシュタインとこの人とは二つの半円が合さって完全な一つの全円を構成するようなものだとN・ジョルジュが評したのでも有名な、テイヤール Teilhard de Chardin（1881～1955　フランスの古生物学者・地質学者、カソリックの神父）が、

「人間は自然界の特別異なった存在、他の無生物、生物と切り放した別個の存在としてではなく、やはり進化という現象全体の部分をなすものとして現れた。知性や精神というものも、他の現象とつながりのない特別なものでもない。超自然的なものから人間に与えられたものでもない。ごく高い重要さをもった自然の現象である。つまり、万物進化の過程で生命というものが生じ、これが自分自身を再生産できるようになり、人間に至って遂に〈考える心〉が開け、その心が自分自身をさらに創造するようになった」

と、人間の歴史を宇宙史、大自然史の延長上に観察して学者の心眼を開いた。私は初めて彼の『宇宙と地球の現象としての人間』という書を読んだとき、わが日本惟神道（かんながらのみち）の新

著に接した感を深うした。

## 神道の真義

神道といえば日本独自の非科学的な思想信仰のように多くのいわゆる知識人は評したものであるが、実は真の哲学や信仰を極めるにしたがってその真義を解することのできる貴いものであることを、西洋の勝れた思想家学者も論ずるようになって、ようやくそれらの人々も知るに至った。そうなるとまた、日本人は神道さえ修めれば十分で、他の思想信仰は要らぬとする狷介な人も生じた。これまた神ながらの道ではない。

自然と人間は多様の統一であって、単一ではない。単一頑固は生命、創造の真姿ではない。万物を通じて万物を生かすこそ天道であり、神道であり、その実践が人道である。

天地自然は人間の故郷で、故に人は自然を愛し、深山幽谷、山紫水明の処に神を祀り、神社を建てるのである。それは自然であり、必然であり、当然であって、決して偶然ではない。そこで聖地にお詣りしたとき、我々はもっとも自然になり、神に近づく。そこに参詣の貴い意味がある。

村松家行は名高い外宮神官であり、外宮神道の大宗で、博学達識、特に南朝護持の重鎮で、北畠親房を始め、楠木正行等、この家行の外護によって、どれほど助けられたか計り知れぬものがある。彼はその名著『神道簡要』の中に説いている——「情を天地に斉しくし、想を風雲に乗ずるは、道に従ふの本たり、神を守るの要となす」と。

卓抜な見解である。人間臭くならないで、人間の心情を、人間の由(よ)って生じた根源に帰し、したがって我々の思想を「風雲に乗ず」、つまり天地自然の造化(ぞうか)というものに乗せる。これが道にしたがう根本原理で、神を守る——人が神から離れない大切な点である。神が人を守るというより、人が神を守るのである。

神道・儒教の大家であった副島種臣(そえじまたねおみ)伯は「神、人を守るに非ず。人、神を守るなり」と説いて明治天皇の御感を得たというが、さればこそ「祈らずとても神や守らん」である。すでに神と一である。ご利益などは問題でない。一休の「心だに誠の道にかなひなば、守らずとてもこちはかまはぬ」という放歌も面白い所以(ゆえん)である。

人間が神から離れるに従って、いろいろの思想言論が雑然として起こり、神という信仰認識も失われ、思想は混乱し、いよいよ人々の惑いを助長する。家行はこれに対して、

「万言の雑説を除いて、天命に配して而(しこう)して神気を嘗(な)む」

と説いている。家行を崇敬した坂士仏は、

「我が内なる清浄と外なる清浄を得れば、神の心と吾が心と隔てなし。既に神明と同じければ、何を望みてか祈請の心あるべきや。是れ真実の参宮なりと聞いて、渇仰の涙とどめがたし」

と記している。

人生まれてまず幼児が感ずることは明と暗である。その次に清いと汚いということを知る。子供は明るいことを好み、暗を恐れる。父や母が暗い顔をしていることはまず以て不徳、不自然である。つねに子供を光明を愛するように育てねばならない。それと共に清浄を好むことである。あらゆる汚れあらむをば掃い浄めることが、人間を人間たらしめる初めであり、終わりである。

## 「命」は尊し

神道諸派の中、黒住教の開祖黒住宗忠は、清浄正直に徹した大光明人であるが、彼は、「神道は生きることばかりにてよろしく何もかも時々刻々に物をいかし候ところこそ天照大神の御道」と信仰し提唱して、いわゆる「生き通し」た。

また生の始めに還って、大自然はこれを象徴して言うと、天である。天が万物を造り、万物を化し、ついに人に至った。その人を通じて心の世界が開け、それによってまた内外の世界が発展して、その真理を究明し、それぞれ自然に帰化してゆく。

かく生れて、かく在り。かく在ることは自から然(しか)るのであって、人よりすれば偶然であるが、人は学ぶことによって、偶然が偶然でないことを知る。即ち当然であることを知る。当然であることを知るということは必然を知ることである。必然を「命」という。それは造化の自然である。人において「まこと」であり、「みこと」である。日本に漢字が用いられるようになって、この生――いのち「命」を尊しとして、神名に命や尊が使われる所以である。

## 山は神の象徴

西洋では古来、神と自然と人間とを分かって、自然と人間とを相対的、相剋的に観じてきた。始めに取り上げたテイヤール――彼ははなはだ東洋的で、また勝れた東洋研究家であるが、この人などは稀に見る人であり、故にアインシュタインと相対の弧を成すといわれる所以である。

西洋では登山家が、「山を征服する」と称した。東洋特に日本では「山に参る、詣る」のである。山は神の座であり、神の象徴である。大和三輪の大神神社には神殿がない。拝殿があって、特殊の鳥居を隔てて、そこから大己貴神の和魂の鎮もります神山を拝する。象徴の至極であろう。

三輪には平安時代から山伏が活躍したことでも有名である。山伏は修験者という。深山幽谷に尋ね入り、苦修錬行して神仏を験証する者の意である。その開山といわれる役の小角は舒明天皇の御問に対して、

「我が行は他無し。心は明らめ人を救ふの道を以てす」

と答えている。この山嶽修験道はやがて苦修と悟道によって天下の太平と万民の豊楽を祈願するものとなり、それが皇国の危難に際しては破邪の剣を執って護国の行者となった。

三輪山伏もその雄（ゆう）なるものであった。大己貴神の和魂を奉祀する三輪の大神神社にお詣りするごとに、私は限りない感慨を覚える。

翻って、現今は人間とその環境・空も陸も海も、人間文化の副作用である公害のために測り知れない汚染を生じ、人類の滅亡が真剣に論じられている。惟神（かんながら）の道を以て生きて来た日本人のまた新たに大覚すべき時である。藤原基家の名歌にいう——

神こそは野をも山をも作りおけ
　人にまことの道をふめとて

# 大和礼讃

本書は元来、安岡正篤先生が日本通運株式会社の福島敏行社長の懇請により執筆されたものである。原書名を「大和――自然と人間の大則」といい、昭和三十六年に日本通運から出版された。日本通運は昭和十二年、全国にまたがる大小多数の運送会社を統合してつくられたマンモス会社である。その創立当時の事情もあって、「大和――大いなる調和」を根本方針として経営されてきた同社は、「大和」という人間と自然の大原則について、社内外の人々を啓発するような権威ある解説書の刊行を企画し、これを安岡先生にお願いしたのであった。

実は、安岡先生と日本通運とのあいだには久しい因縁があった。まず同社の育ての親である中野金次郎翁（当時は興亜火災海上社長）が、先生の岳父・安岡盛治翁（日通草分けの幹部）と仕事を通じて深い知己の間柄であり、また中野翁自身（安岡先生より十六歳の年長だったが）、晩年は国事において、精神面において最も深く先生に傾倒しておられた。さらに先生の次男・正泰氏も祖父・盛治翁の志を継いで同社に勤務しておられる。

こうした三代にわたる久しい因縁と情誼から、先生は本書の執筆を引き受け、多忙な朝晩の寸暇を割いてまとめられたものである。

## 中野金次郎翁と安岡先生

中野金次郎翁について言えば、政財界に隠然たる影響力をもっていた翁が、かつて安岡先生に諮って、日本の指導層に一大警醒の運動を試みたことが想起される。先生が序文を寄せている『中野金次郎伝』（村田弘著・東洋書館発行）によれば、昭和二十七、八年の頃、戦後の危局と日本の運命を深憂して、矢も楯もたまらない気持だった翁は、病軀にもかかわらず、自分が専務理事をつとめる日本工業倶楽部やいろいろの会合に出席し、国政の革新について忌憚なく所見を吐露した。

あるとき工業倶楽部の専務理事会（理事長は宮島清次郎氏）で、時局の啓蒙と保守合同の促進を提案したが、なかなか妙案が出ない。そこで「安岡正篤のことを思い出して、早速会って時局を談じ合った。安岡は中野の希望にこたえて、一つの具体案をつくった。中野はこの案に基づいて、政界にもいろいろ連絡をとり、一方では工業倶楽部に会員を集めて、安岡正篤の時局講演会を催したところ、参会者は六百人余の盛況で、非常に共鳴者が多かった。その後も数回にわたって講演を催すと同時に、安岡の述べた冊子を数回にわたって弘く頒布し、全国に安岡の講演会を開催するなど、この啓蒙運動は非常に効果をあげた」（中野金次郎伝）

このとき先生から講演の記録を命ぜられた私は、工業倶楽部の講堂に集まった出席者がみな財界の錚々たるメンバーで、中野翁の号令一下、多忙な中をこれほど多数一堂に会した壮観に感心したことを覚えている。

開会の挨拶に起った中野翁は、物さびた風格のうちに切々と時局を慨し、敬虔な物腰で安岡先生を紹介された。このときの「このままではどうなるか」と題する二回の講演要旨は「師と友」昭和三十年の九、十月号に掲載されているが、それはフィヒテの「ドイツ国民に告ぐ」を思わせる熱烈で感動的な内容であった。二回目の講演は次のように結ばれている。

「究極の問題は〝革命か、維新か〟であります。革命は下から勃発する非常性のものですが、維新は有能な政治家によって平常裡に行うものであります。日本は元来、維新の国であります。われわれは手近いところ、明治維新という立派な先例を持っております。ただ問題は、いかに早く維新するかの時機の点であります。うっかりしておれば、〝明日では遅すぎる〟ということになります。同憂の士の奮起を衷心より悲願いたします」

## 革命か維新か

この「革命か維新か」という二者択一の命題に先生が直面したのは、大学を卒業する少し前のことではなかったかと思われる。先生は一高時代の恩師・沼波瓊音教授の紹介で、当時、国家改造を提唱する国士の淵叢であった猶存社の人たちと同志的な交わりを結ぶことになる。この頃の状況について先生は『王陽明研究』の新序のなかで次のように述べておられる。

「大学時代、棄身になってよく学問したが、その頃から私は一面、強烈に革命を考えるようになった。（中略）当時第一次大戦の後で、社会的・思想的混乱がはなはだしく、共産主義革命思想運動も、正直で強烈であったが、それに対して勃然として民族主義に立つ昭和維新運動が始まった。私はいつのまにかその激流の中にあった。しかし、私はまた次第にそれらの思想・運動の浅薄さ、躁がしさ、矯激性などにうんざりして、もっぱら講学と青年子弟の養成に深入りしていった」

先生が当時のことについて語ることは滅多になかったが、ごく稀に一献傾けた時などに、こんなことを述懐されることがあった。

「この人たちは天下国家を論ずればなかなかの抱負や経綸をもっていたが、その私生活をみると、中には金にだらしなかったり、女癖が悪かったり、酒乱だったりして、しばしば常軌を逸したものがあった。……ある時ふと、彼らが政権を取り、そろって廟堂に立ったら、どうなるかと想像したら、私は慄然（りつぜん）として肌に粟を生じた。やはり迂遠なようでも着実に人物をつくることが根本だと痛感した。それ以来、私は彼らと袂を分かって人材育成のために金雞学院をつくったのだ」

この点については本書の中でも、J・バーナムの『マキャベリアンズ』を引用して「あまり革命を礼讃することは病的心理である」と指摘されている（三九頁「革命の本義」参照）。こうした考え方は、いわゆる国家改造の大がかりな理論や手段よりも、むしろ天下国家のことに任ずる人間そのものの在り方（人柄）が根本だという先生平常の持論に通じるもので、それは換言すれば、〝治国・平天下〟と〝修身・斉家〟とは同時存在・同時作用たるべきものであるという学問上の信念から発した見識であろう。

## 安岡先生と「大和」の精神

序文にあるように、少年の日を大和河内の地に過ごした先生は、夙くから「大和」という言葉が好きで、長じて学び、人世の経験を経てのち、いよいよ会心の言葉となったということである。しかし、改めて考えてみると、八十六年にわたる先生の生涯は、一貫して大和世界を希求した一生であったとも言えるだろう。

そもそも大和——大いなる調和とは、礼の精神に通じるものであろう。往年の名著『東洋政治哲学』（昭和七年十二月刊）の中に「政治における秩序と生動——礼楽について」の一章がある。ここで先生は、

「社会は多くの人（民）を部分とする統体であるから、その点より政治活動は一種の節奏（リズム）ということができる。節奏とは部分と部分、部分と全体との間に存して、以て事物に生命あらしめる不思議な作用をいう。この部分と部分、部分と全体との節奏的関係とその躍動は、これを礼楽と云い、古来、東洋政教の根本問題として常に重んぜられたことである」

と述べ、また「大臣の任用」の章で、宰相の職責について、「上、天子を佐け、陰陽を理め、四時を順にし、下、万物の宜を育い、云々」と述べておられる。

よくマスコミで「歴代総理の師」などと取り沙汰されたが、先生は晩年になるまで事務所の者に、総理や政界の有力者に会ったなどと特に話されるようなことはなかった。しかし『東洋政治哲学』に「偏なく党なく王道蕩々(広大と和平)、党なく偏なく王道平々(生々の秩序)、反なく側なく王道正直(純一不変な無限的活動)」という『書経』の文句が引用されているが、先生が宰相諸公の諮問にこたえた内容は、おそらく天下の鼎として、一心以て万変に応ずる宰相としての大局的な心構え、つまり大いなるハーモニー(大和)の精神を主眼としたものであって、個々の政策にわたる進言は少なかったであろうと私は忖度するのである。

佐藤総理が挂冠してノーベル平和賞をおくられたとき、受賞演説の案文についての意見を請われた。そのときの先生の原稿を、佐藤内閣当時の首席秘書官だった楠田実氏が「ASIAN REPORT」(平成元年九月号)に発表している。その一節に、

「世界ノ平和ハ元来、我ガ日本国ノ古今ヲ通ズル本願デアリ、歴史的ニ日本ノ国号ハ大和Yamato = Great Peace Great Harmony ト称シ、古代日本ノ文化ノ偉大ナ功労者・聖徳太子ハ、ソノ有名ナ憲法ノ冒頭ニ〝和ヲ以テ貴シトナス〟ト宣言サレテオリ、コノ大精神ハ歴史的ニ終始一貫セル国家的民族的理想デアリマス。現天皇モ〝万世ノ為ニ太平ヲ開カント欲ス〟ト終戦ノ詔ニ宣ベテオラレルコトハ周知ノ事実デアリマス。昭和トイウ年号モ、世界ノ人類ノ文化ト

協同平和ヲ理想トスルノ意デアリマス」

とある。年来先生の抱懐する「大和」の精神がそのまま流露した感があり、これは現在の平成という元号に共通する精神でもある。

**多様の統一**

本書は「大和」という命題のもとに、人間と社会の諸般にわたる先生の所説を綜合したものであるが、いま改めて読み返してみると、きわめてコンパクトに圧縮されていて、説得力の強いものとなっている(中には旧著の一部と重複した箇所もある。たとえば『日本の父母に』の「革命心理と革命家」「中国と中共」、『日本精神通義』の「東西文化の本質的対照」など)。このたびの復刊にあたり、師友会の機関誌「師と友」の中から「日本人と神道」(昭和四十年二月号)、「仏教と神道」(三十八年八月号)、「自然と人間と神――西洋と東洋と日本」(五十一年三月号)の三篇を新たに追加した。このうち「自然と人間と神」は、もともと先生が大和(三輪)の大神(おおみわ)神社の機関誌「大美和」に寄せられたものであったが、とくに同神社に請うて「師と友」に転載したものである。その引用文献は前記「日本人と神道」の一部と重複している箇所もあるが、本篇はとくにフランスの異色ある古生物学者・地質学者であり、カソリックの神父でもあったテイヤールの所説を引いて日本の神道を解説されているので、敢えて重複を厭わず本書に収録した次第である。

なお「日本人と神道」の中には次のような一節がある。

「自然と人間は多様の統一であって、単一ではない。単一は健やかな生の相ではなく、一切を通じて一切を活かすこそ天道であり、神道であり、その実践が人道である」（二三四頁）

ここに説かれている「多様の統一」について先生は、後漢末の乱世に、超然として野に耕し学を修めて、世俗の権勢を競わなかった管寧や王烈などといった哲人隠士について、

「こういう人物が当時は存在した。勃興する時には人材が多種多様であります。決して単一でない。どうも性急な人間や軽躁な人間は、何でもかんでも自分一存で爆弾を投げたり、匕首をひらめかしたり、あるいは喧々囂々と天下を論じなければだめなように、誰をつかまえてもそういうことを望んだり、自分の意にみたなければ悪罵したりというようなことがあるが、それではだめです。本当に興隆する時代というものは、必ず人材が多種多様であって、しかも表面に表れるところよりは内に潜む、隠れるところにゆかしい人物がおる。それらの肥沃な精神的な土壌から、次の時代の人物や文化が興るので、ダイバーシティ diversity というものの有無が民族の運命を卜知する一つの秘鍵でもあるわけであります」（『三国志と人間学』一三三頁）

と述べ、これら後漢末の乱世の隠士たちを「表は消極的でも、道より観れば堂々たる積極的思想行動である」と評しておられる。

これまた大和の精神と契合するところであり、先生の思想と行蔵を理解する上で見逃すことのできない機微だと思う。

私は近年レオン・ヴァンデルメールシュ著『アジア文化圏の時代』（福鎌忠恕（ふくかまただひろ）訳・大修館書店刊）という本を一読する機会があったが、この中に「文化の多様性」について、安岡先生と同じような見解を見出し、改めて瞠目させられた。

訳者の福鎌忠恕（東洋大学）名誉教授によれば、著者のヴァンデルメールシュ教授は現代フランスにおける中国学（シノロジー）の最高権威であり、一九八一年から八四年まで、日仏会館フランス学長として東京で日仏文化交流の推進に尽瘁した人でもある。

そのヴァンデルメールシュ教授はこの本の中で「文化と文化的価値の多様性こそ、健全な人類文化の標識であり、左右を問わず、学説・宗派を問わず、イデオロギーの排他性、教義の独善性、要するにあまりにも〝人間〟的な増上慢（ヒュブリス）こそ、もっとも非文化的・反文化的であり、〝人道〟の敵であり、これこそ――悲しいかな――西欧文化の行きづまりと衰退の源泉である」と述べている。

また同教授は「日本をはじめとする漢字文化圏諸国が二十一世紀において、地球上の平和と繁栄の使徒になるであろう」と予言し、「東南アジア文化圏諸国の、儒教的伝統にもとづく徹底的平和主義、〝仁〟を原理とする〝和〟と〝礼〟の〝共同体主義〟が経済的に裏づけられ、〝相乗化〟され、それが西欧的〝個人主義〟〝自由主義〟的文化と調和されるにいたったとき、二十一世紀において真の世界平和と豊かな世界文化、多次元・多価値で、しかも活力に溢れ、物質的にも恵まれた真の〝人道〟が地球上に実現されうる」と確信しているのである。

## 安岡先生の本領――先覚者の道

「偉大とは方向を与えることである」という西哲の名言があるが、安岡先生の本領は、国家と民族との進むべき方向を指し示すところにあったと思う。殷の湯王の名宰相・伊尹のことばが『孟子』の中にある。

「天の此の民を生ずるや、先知をして後知を覚さしめ、先覚をして後覚を覚さしむ。予は天民の先覚者なり、予将に斯の道を以て斯の民を覚さんとす。予これを覚すにあらざれば、すなわち誰ぞや」（万章章句上）

「天民の先覚者」として「暁鐘」を撞くことが、先生の生涯における大きな役割の一つであったといえよう。

先生は「暁鐘」ということばがお好きであった。往年の名著『東洋倫理概論』（昭和四年刊）の序文にも「私は始め此の書に『暁鐘』と名づけたかった」とあるし、講話集（昭和三十三年刊）の書名に『暁鐘』と題しておられることからも、そのことはうかがわれるのである。

かつて先生は照心講座において横井小楠のことばを講ぜられたことがある。それは

「我れ誠意を尽し、道理を明らかにして言はんのみ。聞くと聞かざるとは人に在り。亦安ぞその人の聞かざることを知らん。予め計つて言はざれば、その人を失ふ。言うて聞かざるを強く是れを強ふるは、我が言を失ふなり」

「後世に処しては、成るも成らざるも、唯々正道を立て、世の形勢に倚るべからず。道さへ立て置けば、後世子孫残るべきなり。その外、他言なし」

「先聖後聖、その揆一なり」（孟子・離婁下）というが、「道」に対する小楠の信念は、これまた先生の一貫して渝らぬ信念であったのである。

最後に師友会が発足した当時、先生が作られた「われわれの信条」（十カ条）の中から、その第二条を掲げて結びに代えたい。

「我々は宇宙の本質も、人間の精神も肉体も、ひとしく偉大にして神秘な調和に存することを学んで、何事によらず矯激や偏向を相戒めるものであります」

平成六年十二月

安岡正篤記念館理事

山口勝朗

※この作品は一九九五年一月に刊行されたものを新装版化しました。
著者の表現を尊重し、オリジナルのまま掲載しております。

［著者紹介］

**安岡正篤**（やすおか　まさひろ）

明治31年（1898）、大阪市生まれ。

大阪府立四條畷中学、第一高等学校を経て、

大正11年、東京帝国大学法学部政治学科卒業。

東洋政治哲学・人物学の権威。

既に二十代後半から陽明学者として

政財界、陸海軍関係者に広く知られ、

昭和2年に㈶金雞学院、同6年に日本農士学校を創立、

東洋思想の研究と後進の育成に従事。

戦後、昭和24年に師友会を設立、

政財界リーダーの啓発・教化につとめ

歴代首相より諮問を受く。58年12月逝去。

**〈主要著書〉**「支那思想及び人物講話」（大正10年）、

「王陽明研究」（同11）、「日本精神の研究」（同13）、

「東洋倫理概論」「東洋政治哲学」「童心残筆」

「漢詩読本」「経世瑣言」「世界の旅」「老荘思想」

「政治家と実践哲学」「新編百朝集」「易学入門」

**〈講義・講演録〉**「朝の論語」「活学1〜3」「東洋思想十講」

「三国志と人間学」「運命を創る」「運命を開く」ほか。


［新装版］安岡正篤　人間学講話

# 人生の大則

二〇一六年六月一七日　第一刷発行

著者　安岡正篤

発行者　長坂嘉昭

発行所　株式会社プレジデント社

〒一〇二-八六四一

東京都千代田区平河町二-一六-一

平河町森タワー一三階

http://president.jp

http://str.president.co.jp/str/

電話　編集〇三-三二三七-三七三二

販売〇三-三二三七-三七三一

装丁　岡　孝治

編集　桂木栄一

販売　高橋　徹　川井田美景

制作　関　結香

印刷・製本　中央精版印刷株式会社


落丁・乱丁本はおとりかえいたします。



ISBN 978-4-8334-2178-2 Printed in Japan